気楽に作れて、これ以上おいしいレシピを私は知らない。

misa

KADOKAWA

「お菓子な暮らし」

私のInstagramには、その一文しか記されていません。
おかしなくらいお菓子の世界にのめり込み、
たどり着いたのは忙しい日々の中でも作れる、
工程を極限まで省いた簡単でおいしいレシピでした。

私は普段は保育士として働いており、
日々の癒しは子ども達の笑顔と
クスッと笑ってしまうような面白いつぶやき、
そしてお菓子作りです。

お菓子には魔法のような力があって、
食べると幸せな気持ちになったり、元気が出たり…
まるで気の許せる友人や家族といるような、
そんな温かい気持ちにさせてくれます。

と言いながらも、
実は子どもの頃は甘いものが苦手でした。

でも、母が作ってくれるほどよく酸味がきいたお菓子は大好き。
しかも、おいしいのに、
母はとても簡単に作っているように見えたんです。
「お菓子作りってひと手間がかかるし難しそう」
そんな私の固定観念を覆してくれたのは母でした。
今思えば、あのときからお菓子の世界に
のめり込んでいったように思います。

自分だけの世界でお菓子作りを楽しむ毎日でしたが、
いつしか誰かに食べてほしいと、
そしてそれが私が大好きなフォロワーさんたちであることに気づきました。
そこからはみんなが作りやすように、可能な限り工程を省きながらも、
おいしさは最大限に活かした
簡単スイーツやごはんを作り続けてきました。

小麦粉は合わせる材料や量によっては
ふるわなくても美味しく仕上がること。
チョコレートはレンジで溶かしたほうが大きな失敗が少ないこと。
材料によっては一気に混ぜ合わせてもおいしく仕上がること。

ある程度お菓子作りの経験がある方からすれば、
「なんしゃこりゃー！」とツッコミを入れてしまいたくなるような
ご法度《はっと》感満載のレシピもあるかもしれません。
それでも、いつもおいしさは心の真ん中においてありました。

失敗をくり返しながらも何度も試作し続け、
学んだことを余すことなくこの本に記し、
皆さんと共有できることをとても嬉しく思います。
特別な日だけでなく何でもない日にも作っていただけるように、
お菓子で四季を感じてもらえるように、レシピに落とし込みました。
季節ごとにこの本を思い出し、
大切な人や自分のために作っていただけたら、
これほど幸せなことはありません。

失敗しにくいレシピにしてはあるものの、
ときには失敗することもあるかもしれません。
お菓子はくり返し作ることでコツやタイミングが掴めたりするもの。
1回で成功しなかったとしても、
ぜひもう1回チャレンジしてみてください。
そして、2回目からは皆さん好みにアレンジして
可能性を広げてあげてください。

今日も料理ができる幸せに感謝をして。
うんとおいしいお菓子とごはんの世界へいってらっしゃい。

私流〝ご法度テクニック〟。

省けるところは省いて、
簡単にできるところは簡単にして。
でも、ちゃんとおいしいのが

粉は〝フリフリ〟

「粉をふるう」「バターを練る」「順番に混ぜる」
お菓子のレシピに並んでいるしっかり者の言葉たち。
無駄な工程なんてひとつもないと思いながらも、
簡単にできるなら簡単にしたいのが正直な気持ち。

私はお菓子作りが大好きだけど、
やっぱり気持ちが乗らないときもあるんですよ。
だから、やる気が半分のときでも作れるようなレシピを考えています。

自力で混ぜない

だからといって、何でも簡単にしたら
おいしくなるというわけでもなくて。
実は、省き方にコツがあって、

大きな失敗に繋がらないところを省くことが大切。

そんな、おいしさは最大限に活かしながら
手間は最小限に抑えたレシピを詰め込みました！
全部お利口さんにやらなくても大丈夫。
手間とは比例しない美味しさを召し上がれ。

“チン”に頼る

成功のコツ・ご法度テクニック

お菓子作りのハードルをグンと下げるコツを教えちゃいます。

1 道具は家にあるもので

たとえば、ハケはスプーンで代用。スプーンのほうがハケの跡がつかず、綺麗に仕上がる場合もあるんです。また、パウンド型で作ったプリンやゼリーテリーヌを取り出す際のパレットナイフは、テーブルナイフの背で代用してもOK！　濾し器もザルでいきましょう!

---

2 粉類は、ほぼふるわず

本書で粉をふるう必要があるレシピはリッチで濃厚なザッハトルテ（P84）のみ。あとはポリ袋にいれて粉類をシェイク!　洗い物も減らしましょう! 特に記載がないものは、シェイクせずそのままで大丈夫。何回も試作をする中で、そのレシピにあった手軽さとおいしさを追求しました!（ザッハトルテはふるったほうがおいしくて失敗も少ないのでふるってください）

---

3 焼かないより焼きすぎ、混ぜないより混ぜすぎたほうがいい

生焼けよりこんがりのほうが（料理も含め）、混ぜないより混ぜすぎたほうが大きな失敗は少ないです。ただし、生クリームは除きます。

4 型の大きさを固定

タルト型 ………………………… 直径 20cm
パウンド型 ………………………… 21cm
丸型（底取れタイプ） ………………… 直径 15cm

一般的にも手に入りやすく、食べきりやすいサイズの型を使っています。また、本書を見て型を購入する方が、他の方のレシピでも同じサイズの型を使用できるように、ネットや SNS でよく見かけるサイズの型にしてあります。

---

5 溶かせるものはレンチンで

「よし、お菓子を作るぞ！ あ、バター室温に戻してなかった…」→「室温になったけど、もうやる気が…あのとき作りたかったんだよね」なんてことないですか？ 本書では、溶かしバターが多く登場します。溶かしバターであれば、あらかじめバターを室温に戻しておいたり、練ったりする手間がかからないので、思い立ったときにすぐお菓子が作れちゃいます。また、板チョコは全て耐熱容器に入れてレンジで溶かすため、簡単で失敗も少ないです。溶けていなかったらそのまま追加で加熱するだけ！ 安心してください。味は保証します。

---

6 ミキサーorハンドミキサーで一発

「材料全てをミキサーにかけるだけでできる」。そんな魔法のようなスイーツが食べたい！ ということで作ってしまいました。思い立ったときに作れて、最速で美味しいです。

〈ミキサーで１発〉
P38 いちごレアチーズケーキ（生地）
P40 桃の爽やかヨーグルトケーキ（生地）
P47 いちごスコップババロア風

〈ハンドミキサーで１発〉
P48 いちごのスティックケーキ（生地）
P67 りんごとくるみのチーズケーキ（生地）
P68 はかり不要の甘酸っぱいバスクチーズケーキ

7 パンは発酵・HB（ホームベーカリー）・オーブンいらず

せっかちな私はいつも発酵の時間が待てず…今食べたいのよ、今！　そして洗い物も苦手だから、ホームベーカリーの羽根を洗うのが面倒すぎる。それなら、自分でおいしさと手軽さを最大限に活かしたパン生地を作ってしまおう！　ということでできたパン生地。めちゃくちゃおいしいです。ホームベーカリーとオーブンを持っていない方も安心して作れます♪

P28 やみつきチーズパン（発酵・HB・オーブンなし）
P102 万能ピザ生地（発酵・HBなし）
P102 カリカリピザ生地（発酵・HBなし）

8 チョコレートは板チョコで

スーパーやコンビニで手に入りやすい市販の板チョコを使用。チョコは刻まず、溝に沿って手で割ることで洗い物も減らせます。

9 バットは最高の“型”

どの家庭にもある身近なバット。実は最高の型なんです。本書には、バットやスクエア型で作るスイーツが数品登場します。多少大雑把に作っても、正方形や長方形にカットするだけでスタイリッシュな仕上がりに。ボトムを敷き詰める際も楽ちんです。本書では無印良品の「ステンレスバット」を使用しています。（P54 の絶品生チョコのバットは除く）

10 生クリームは口金いらず

絞りは口金がなくても大丈夫。使い捨て絞り袋の先端をハサミでカットするだけで、生クリームが可愛く絞れちゃうんです。本書で生クリームの絞りが出てくるレシピは、ショートケーキ風グラスケーキ（P16）といちごのリースタルト（P58）の２つですが、どちらも口金は使っていません。

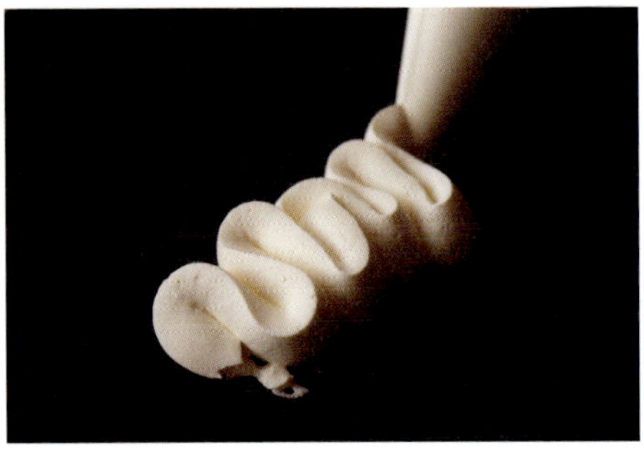

（私の味に仕上げるポイント）

生クリームはこの2つ

生クリームは動物性の乳脂肪分 40% 以上のものがコク深くておすすめ。タカナシは液体のまま何かと混ぜ合わせるときに、温度変化に強く扱いやすい雪印メグミルクは泡立ててデコレーションするときに使用しています。

右：タカナシ 特選北海道純生クリーム 47
左：雪印メグミルク フレッシュ 北海道産生クリーム使用

砂糖は グラニュー糖

本書のお菓子は主にグラニュー糖を使っています。クセがなくさっぱりとした甘みで、色が綺麗に仕上がるため、お菓子作りに向いているんです。また、細かい粒状のグラニュー糖は短時間で溶けやすく、生地になじみやすいのでおすすめ。洋菓子であればどのお菓子とも相性がいいのがグラニュー糖です。とはいえ、きび砂糖はコクのある甘みがありますし、上白糖も濃厚な甘みを感じられていいですよね。

生ハムと生クリームで 奥深い味わいに

本書では、生ハムを焼くレシピ、生クリームを使うレシピが多く登場します。生ハムからでる出汁、生クリームのコクが美味しさの秘訣。ただ、高価なものでもあるので生ハムはベーコンで代用可能にしてあります。

（生クリームの泡立ての目安）

6分立て

ホイッパーですくうとトロトロと流れ落ちていく固さ。落ちた生クリームの跡はすぐに消えてしまいます。ソースやムース、ババロアを作る際に使用します。

7分立て

ホイッパーでなんとかすくうことができる固さ。留まることはできず、落ちた生クリームはゆっくりと跡が消えていきます。ナッペ（ケーキに塗るとき）やシフォンケーキに添えるクリームもこの固さです。7分立てから先は生クリームの変化が早いので注意が必要です。

8分立て

ホイッパーですくいあげた際にツノがお辞儀をする固さ。ケーキの絞り出し等に使用します。

9分立て

ホイッパーを持ちあげた際に、ツノの先端がピンッと立つ固さ。飲み物に浮かべたり、生クリームにヨーグルトやマスカルポーネを加えたクリームを作る際には9分立てにしておくと扱いやすいです。

基本の道具紹介

はじめに準備する道具は最低限で大丈夫。作りたいレシピが決まったら、
それに合わせて必要なものを少しずつ揃えていくといいでしょう。

❸ ゴムベラ

生地をさっくり混ぜたり、ボウルについた生地を集めて型に流しこむときに使います。先がほどよくしなり、耐熱性で、繋ぎ目のない一体型のゴムベラがおすすめです。

❷ ホイッパー（泡立て器）

本書では優しく混ぜたいときや、ダマをなくしたいときに使用しています。重すぎず、柄とワイヤーがしっかりとしたホイッパーを選ぶと使いやすいです。私はニトリの「オールステンレス泡たて（Days）」を使用しています。

❶ 計量スプーン（大さじ・小さじ）

大さじと小さじのみでOK。大さじは大体15g、小さじは大体5gです。計量スプーンは無印良品の「柄の長い計量スプーン」を使っています。

❺ ザル、ボウル

濾し器はザルで代用。生地を濾すときや粉をふるうときに使っています。持ち手がついていると便利です。ステンレス製のボウルは取り扱いが楽。直径 23 ～ 24cm のほどよい深みのあるボウルだと、生地や生クリームを混ぜやすく集めやすいのでおすすめです。

❹ ハンドミキサー

生地を混ぜるときや、生クリームやメレンゲを泡立てるときに使います。私はビタクラフトの「クイックハンドミキサー」を使用。分離知らずなので、このハンドミキサーを使うようになってから氷にあてながら生クリームを泡立てたことがないです。パワーがありとにかく時短になります。ただ、微調整は苦手なので繊細なお菓子を作る際には注意が必要です。

❼ 耐熱ボウル

電子レンジで使用できる耐熱ガラスのボウルは、バターやチョコなどを溶かし、そのまま生地作りに移れる便利なアイテム。私はハリオの「耐熱ガラス製ボウル」を使用しています。

❻ 電子スケール

グラム単位で量れる電子スケールは、お菓子作りには欠かせません。容器をのせてから目盛りを 0g に設定し、材料を加えていってください。

CONTENTS

chapter 4
スイーツ以外にも食べてほしいごはんもの

COLUMN

装丁・本文デザイン
松浦周作（mashroom design）

撮影
市瀬真以

スタイリング
木村柚加利

撮影アシスタント・英文
Hiroki、Akane

管理栄養士（P18、35、42、43 生卵使用レシピ注意点）
Kenta

校正
麦秋アートセンター

DTP
鴨下壮佑

編集協力
川村彩佳

編集
竹内詩織（KADOKAWA）

食材提供
旬のフルーツタルト kuus 伊那店（いちご）
にゃんずファーム　玉谷和幸（桃）
Takami（ブルーベリー）

協力
UTUWA
CURE myu

この本の使い方

- 大さじ1＝15mℓ、小さじ1＝5mℓです。
- 卵はMサイズを使用しています。
- オーブンは電気オーブンを使用しています。焼き時間は熱源や機種によって差が出ますので、レシピの時間はあくまで目安とし、様子を見ながら加減してください。
- レシピに記載した温度が高温でご自宅のオーブンに設定されていない場合は、温度を最大にし、焼き時間をやや長くしてください。
- コンロはIHコンロを使用しています。ガスコンロの場合熱の入り方に差が出ますので、様子を見ながら加熱してください。
- 火加減は、特に記載がない場合は中火です。
- 板チョコは、特に記載がないものはガーナのミルクチョコレートを使用しています。
- バターを電子レンジで加熱する場合は、必ずラップをしてください。多少塊が残っていても混ぜて溶ける程度なら問題ありません。加熱しすぎには注意してください。バターが入っておらず、特に記載のないものはラップは不要です。
- 塩こしょうは塩とこしょうがブレンドされたものを使用しています。
- 醤油は濃口醤油、酒は日本酒、鶏がらスープの素とコンソメは市販の顆粒タイプ、米は無洗米、ヨーグルトは無糖を使用しています。
- 油は、特に記載がない場合は米油またはサラダ油を使用しています。
- ハード系チーズはパルミジャーノレッジャーノを使用しています。
- アプリコットジャムは市販のものを使用しています。
- チョコレートはホワイトチョコレートでは代用できません。
- 米粉は製品によって水分の吸収率が異なるため、仕上がりに違いが出る場合があります。
- じゃがいもは特に記載がなければ皮と芽を取ってください。
- アールグレイ茶葉は日東紅茶を使用していますが、飲用として販売されているものを独自に食用としています。

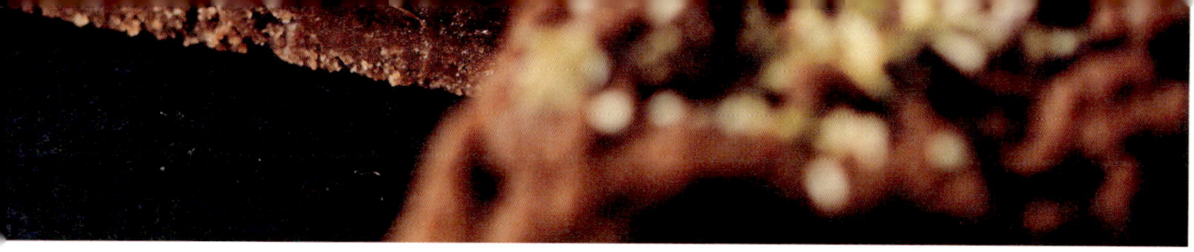

chapter — 1

選び抜いた最愛のBest 5

手間のかかる工程はできるだけ省いてあるからパパッと作れるのに、味は絶品。
そんな夢のようなレシピの中から、「これだけは絶対に作ってほしい！」と
自信を持っておすすめできるベスト５を選びました。
難しくないのに手が込んで見えるから、おもてなしにもぴったりです。

選び抜いた
最愛の

Best
1

スポンジは焼かない、デコレーションもほぼなし

世界一気楽にできるショートケーキ 風グラスケーキ

”もう失敗しない
重ねるだけのショートケーキ“

フィンガービスケットにソースが染み込むと

ふわふわスポンジに大変身！

作り方の動画は
ここをCHECK

バースデーケーキやクリスマスケーキの王道、ショートケーキ。でも手作りするとなると、スポンジ作りから始まり、ナッペやデコレーションも必要な少しハードルの高いケーキでもあります。

でも大丈夫。フィンガービスケットという魔法のアイテムにソースとクリームを重ねるだけで、可愛いグラスケーキができちゃいます。ビスケットは冷蔵庫で冷やしている間にふわふわのスポンジのようになり、難しいナッペは不要、デコレーションも最低限でいいんです。

今回は書籍用におめかししていますが、普段はバットに並べたフィンガービスケットにソースと生クリームをかけ、スプーンで取り分けて食べるお手軽スタイルです。

そして、このケーキに使っているマスカルポーネクリーム、実は私が一番好きなクリームなんです。フィンガービスケットとソースとの相性も抜群。ふんわりとした食感となめらかな口溶けをぜひ味わってみていただきたいです。

フレーバーを変えたくなったら、P70の即席万能ソースでアレンジを。誕生日やクリスマスだけでなく、何でもない日にもサッと作れるのでおすすめです。

このショートケーキ風グラスケーキは、決して手抜きではありません。これが最高に美味しいのです。

“これぞ簡単×おいしい スイーツの真骨頂”

This is the epitome of easy delicious sweets.

”フィンガービスケットにミックスベリーソースが染みてスポンジ風に！
生地とソースとクリームを重ねるだけで完成“

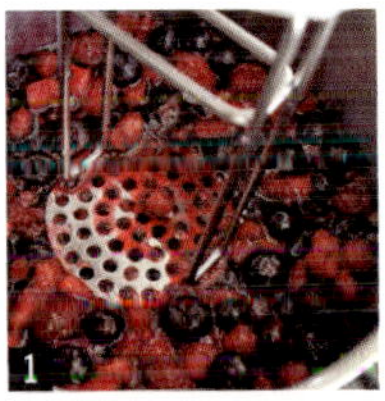

鍋にソースの材料を全て入れたら、つぶして煮るだけ！

冷蔵庫から出したての生クリームを手早く泡立てるのがコツ。室温が高い場合は氷を入れたボウルにひと回り小さいボウルを重ねて冷やしながら泡立てて。

フィンガービスケットは手で割り入れて。

ソースは温かいうちにフィンガービスケットやカステラにかけたほうがなじみやすい。ソースの粗熱がとれていればクリームをすぐ重ねても大丈夫！

MEMO

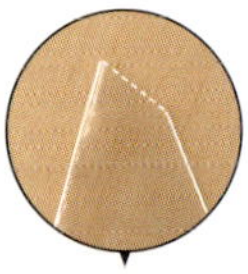

失敗しないようにボウルの中で試し絞り

ハサミで先端を斜めに切る

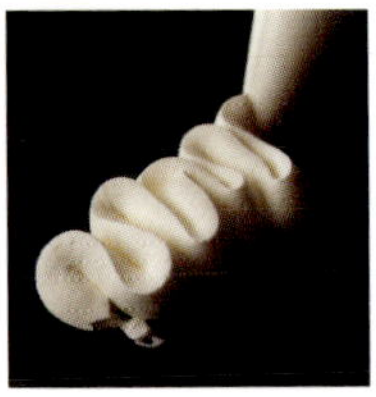

先の短いほうを上に向けて揺らしながら絞る

材料（270mℓ容量グラス3脚分）

（マスカルポーネクリーム）

マスカルポーネ……100g
生クリーム……200mℓ
卵黄……1個分
グラニュー糖……20～30g

（ソース）

フローズンミックスベリー……300g
グラニュー糖……15～25g
レモン汁……大さじ1

（生地）

フィンガービスケット……50g（6本）
or 市販のカステラ……適量

いちご……適量

作り方

（ソース）

1 鍋に材料を全て入れ中火にかける。グツグツしたら、マッシャーなどでミックスベリーをお好みの粗さにつぶす。混ぜながら5分煮込んで、とろみをつける。

（マスカルポーネクリーム）

2 ボウルに生クリームとグラニュー糖を入れ、ハンドミキサーで9分立てに泡立てる。卵黄とマスカルポーネを加えてゴムベラで混ぜ合わせる。

大きめの容器で作る場合は割ったりちぎったりしなくてOK

（生地）

3 3mm幅にカットしたいちごをグラスに貼り付け、フィンガービスケットの場合は手で割りながら、カステラの場合はちぎりながらグラスに入れる。生地→ソース→クリームの順で重ねていく。お好みでクリームを絞り、いちごをのせる。

4 冷蔵庫で3時間以上冷やす。

※クリームには生卵を使用しているので、当日中に食べきるようにしてください。また、妊娠中の方や小さなお子さんはお控えください。

冷やす時間なし！ 15分でできる
簡単抹茶ケーキ

家族や友人に「お店の味がする」と褒められる一品。
すぐに作れて、すぐ食べられます。
今回は升に盛り付けましたが、普段はバットで作りすくって食べています。洗い物も減るので楽ちんです。

材料（一合升4個分）

黒蜜クリーム

生クリーム …………………… 200mℓ
黒蜜 ……………………… 35 ～ 40g
マスカルポーネ …………… 100g
卵黄 ……………………… 1個分

抹茶液

牛乳 ……………………… 100mℓ
抹茶パウダー ………… 10 ～ 15g

生地

市販のカステラ
（5×7×厚さ2.8cm） ………… 4切れ

仕上げ用抹茶パウダー ……… 適量

下準備

・カステラを半分の厚さに切っておく。

作り方

抹茶液

はじめはペースト状にする
イメージで
ダマにならないように混ぜて

1 抹茶パウダーを小さめのボウルに入れる。そこへ600Wの電子レンジで1分温めた牛乳を少しずつ加え、その都度しっかりと混ぜる。

2 バットに1を流し入れ、カステラを両面浸す。

バットで作る場合は
2の上に3を
流し入れれば完成！

黒蜜クリーム

3 ボウルに生クリームと黒蜜を入れ、ハンドミキサーで9分立てに泡立てる。卵黄とマスカルポーネを加えてゴムベラで混ぜ合わせる。

4 升に2 → 3 → 2 → 3の順番で層になるように重ねていき、茶こしで仕上げ用抹茶パウダーをふるう。

MEMO

抹茶液は、小さいホイッパー（100円ショップで売っている卵をかき混ぜるような道具）で混ぜるとダマになりにくいです。

〝気になるあの人へ、
バレンタインに渡したい！〟

選び抜いた最愛の
Best 2

材料は4つだけ！

奇跡のザクザク生チョコケーキ

"おしゃれで高級感あふれる
ザクッとなめらか新食感ケーキ"

バレンタインには、ちょっとおしゃれなスイーツを渡したくなるもの。なんとこのケーキ、生チョコを作って市販のビスケットで包むだけでできちゃうんです。

　使う材料は4つだけ、難しい工程もなく失敗知らず。なのに、お店で買ったかのような高級感あふれる見た目と本格的な味にきっとお相手も驚くはず！

　なめらかな生チョコとザクザク食感のクッキー生地のコントラストが楽しいこのケーキで、バレンタインに奇跡を起こしてみませんか？

“ たった4つの材料でお店の味に ”

市販のビスケットを生地として使えば、イチから生地を自分で作る必要がありません。
今回は森永製菓のブラックムーンを使用しましたが、お好みのビスケットでも大丈夫。

材料（直径15cmの丸型底取れタイプ1台分）

ビスケット
（ブラックムーン／森永製菓）…２箱（220g）
食塩不使用バター……………100g
板チョコ（ミルク）…………４枚（200g）
生クリーム……………………100mℓ
砕いたピスタチオ…………お好みで

作り方

1 ビスケットを保存袋に入れ、めん棒を転がして細かく砕く。

2 耐熱容器に食塩不使用バターを入れ、600Wの電子レンジで1分20秒加熱して溶かし、**1** に加えて揉み込む。

3 型に **2** の７～８割を押し固めながら側面の高さが約2cmになるよう敷きつめ、冷蔵庫で冷やしておく。

4 耐熱ボウルに板チョコを割り入れ、生クリームを加えて600Wの電子レンジで1分30秒加熱する。

チョコが溶けなかったら
追加加熱してください

5 **4** の板チョコが溶けきって艶が出るまでホイッパーで混ぜ、**3** に流し入れる。**2** の残りを手でほぐしながらまんべんなくちらし、冷蔵庫で３～４時間冷やす。お好みで砕いたピスタチオをちらす。

3時間だととろっと
食感が楽しめます

ラップを被せた底が平らなコップを使うと押し固めやすい。

板チョコは溝にそって割れば、細かく砕かなくても大丈夫。

後のせのビスケットは、ほぐしながらちらすと敷きつめた部分とは違う食感が楽しめる。

MEMO

・底取れタイプの型であればクッキングシートや油を塗る必要はありません。
・ブラックチョコレートで代用できます。

選び抜いた
最愛の
Best
3

濾し器不要！ ザルでできる
執念のイタリアンプリン

材料（21cmパウンド型1台分）

カラメル

- グラニュー糖……60g
- 水……大さじ1
- お湯……大さじ1

プリン生地

- A マスカルポーネ……100g
- A 牛乳……100mℓ
- A 生クリーム……200mℓ
- A グラニュー糖……70g
- 全卵……4個
- バニラオイル（エッセンスでも可）……3～5滴
- 粉ゼラチン……5g
- 水……大さじ2

下準備

- ・湯煎焼き用のお湯とカラメル用のお湯を沸かしておく。
- ・オーブンを140℃に予熱する。
- ・粉ゼラチンは大さじ2の水でふやかしておく。すぐ混ぜるとダマになりにくい。

MEMO

・表面の中心を触ってみて固まっていればOK。まだ液体状の場合は、固まるまで追加で焼きましょう。
・カラメルを作った小鍋に牛乳を入れて温めるとホットミルクとして飲むことができ、洗いやすくなります。

作り方

砂糖が固まってしまうので絶対にかき混ぜないでね

カラメル

1 小鍋にグラニュー糖と水を入れ、鍋をゆすりながら中火にかける。

2 茶色に変わってきたら火を止め、お湯を加えて鍋をゆすりながら手早く型に流し入れて広げる。そのまま常温でおいておく。お湯を入れる際、ジュワッとはねるのでやけどに注意！

ホイッパーを底につけながらやさしく混ぜると泡立ちにくい！

プリン生地

3 ボウルに全卵とバニラオイルを入れ、泡立たないようにホイッパーでよく混ぜる。

4 小鍋に**A**とふやかしたゼラチンを入れて中火にかける。ゴムベラやホイッパーなどで混ぜながらマスカルポーネとグラニュー糖とゼラチンをしっかり溶かす。このとき、沸騰させないように注意する。

5 **3** のボウルに **4** を少しずつ加えて混ぜる。

6 ザルで濾しながら型に流し入れる。

7 **6** を天板におき、天板の½の高さまでお湯を張って、140℃のオーブンで50分～1時間湯煎焼きをする。焼き色がついてしまうようであれば、表面にアルミホイルを被せる。

8 粗熱がとれたら冷蔵庫でひと晩しっかり冷やす。型の側面をナイフの背でぐるっと1周し、型にお皿をつけ、ひっくり返して型から出す。

気泡を取ったり、完全になめらかにするために濾すが、面倒だったら省いてOK。

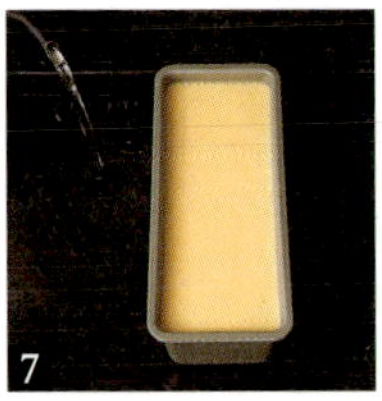

湯煎焼きの水が入り込まないように、型は繋ぎ目のないタイプの型が好ましい。

型から外れない場合はP32のQ3を参照。

“かためのプリン、お好きですか？”

かためプリンが大好きな私が、何度も試作をして辿りついた最高峰の味。難しそうなイメージがあるイタリアンプリンですが、基本的には混ぜていくだけの超シンプル工程なんです。マスカルポーネと生クリームでコクを出し、クリーミーで濃厚な味わいに。今までにないおいしさと驚きに出合えるはずです。

渋くて美しいビジュアルに思わず歓声があがりますよ。

“「外国のカフェのメニューみたい！」と言われる私のとっておきレシピ”

鶏むね肉は半分におろすとほどよい厚さで食べやすく、ひと手間を加えるだけでお肉もやわらかくなり、火も通りやすい。まさにいいとこ取りのメインディッシュです。

甘じょっぱいクリーミーなソースにスパイシーな風味で味を引き締め、食べ応えのある一品に仕上げました。

マッシュポテトはもちろん、白いごはんにも合いますよ。華やかな見た目はおもてなしや、記念日ごはんにもピッタリです。

選び抜いた
最愛の
Best
4

スパイシーとクリーミーのバランスが絶妙

欲張りな スパイシーチキン

材料（2〜4人分）

鶏むね肉 ……………… 2枚（650g）

A
- パプリカパウダー ………… 大さじ1
- ガーリックパウダー（粗びきタイプ可）…………… 大さじ1
- オニオンパウダー（粗びきタイプ可）…………… 大さじ1

塩こしょう ……………………… 適量

B
- マヨネーズ ………………… 大さじ3
- スイートチリソース ………… 大さじ3

オリーブオイル …………… 大さじ1
イタリアンパセリ ………… お好みで

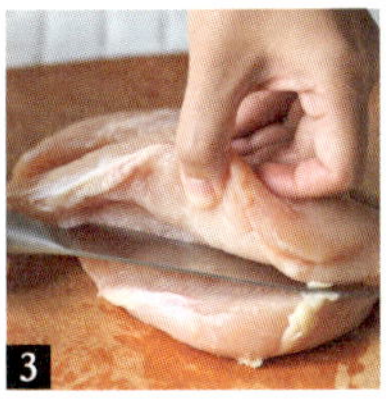

鶏むね肉は半分の厚さに切って格子状に切り込みを入れることで、やわらかく、火が通りやすくなる。

ソースは塗るようにかけることで肉についているスパイスとしっかりなじみ、味に深みがでて彩りもよくなる。

作り方

1 バットに **A** の調味料を全て入れ、混ぜ合わせておく。

2 別の容器に **B** の調味料を入れ、混ぜ合わせておく。

3 鶏むね肉1枚の厚みを半分にするように2つに切り、計4枚にしたら片面に包丁を斜めにおき、格子状の切り込みを入れる。（P86 参照）

4 1 に 3 と塩こしょうを加え、スパイスと塩こしょうがなじむようによく揉み込んで下味をつける。

5 中火に熱したフライパンにオリーブオイルをひき、4 を皮面から焼いていく。

6 裏返したら蓋をして両面焼く。肉に火が通ったら火を止め、2 をスプーン等で塗るようにかける。お好みでイタリアンパセリをちぎってちらす。

MEMO

・付け合わせのマッシュポテトのレシピは P97 に掲載しています。

選び抜いた
最愛の

Best 5

クミンとチーズと生ハムでリッチな味わいに
やみつきチーズパン

材料（8個）

A	強力粉	200g
A	砂糖	7g
A	塩	3g
A	ドライイースト	4g
	バター	10g
	水	100mℓ
	牛乳	20mℓ
	生ハム	8枚（円形）
	ピザ用チーズ	適量
	クミンシード	適量

作り方

1 耐熱容器にバターを入れ、600W の電子レンジで 20 秒加熱して溶かす。

2 ボウルに **A** の材料を全て入れ、箸などで軽く混ぜる。

3 **2** に水と **1** を加え、手でこねる。大体まとまったら牛乳を加えてさらにこねる。この時点ではまだベタベタで大丈夫。

強力粉をここで入れることで
なめらかな生地になります

4 **3** に強力粉 5g（分量外）を足し、しっかりと生地をまとめていく。

5 生地を 8 等分にして薄くのばし、ピザ用チーズを包んで直径 6cm ほどに成形する。

6 **5** の表面に指先で軽く水（分量外）をつけ、クミンシードをつける。

7 油はひかず、中弱火に熱したフライパンで閉じ目を下にして焼いていく。焼き色がついたら転がしながら四方八方焼く。このときフライパンの蓋はしない。

8 全面が焼けたらお皿に盛り付け、生ハムをのせる。

チーズはピザ用のミックスチーズをたっぷり使用。

閉じ目の生地が厚くなるようであれば閉じたあとにむしり取って!

クミンシードがアクセントに!

発酵時間なし！混ぜてこねて、フライパンで焼くだけで作れるパン。サクッふわっと、奥深く複雑性のあるおいしさが、やみつきになります。
見た目も爽やかで食欲をそそり、「誰かに食べてもらいたい」。そんな気持ちにさせてくれる一品です。

“まさかの発酵・ホームベーカリー・
オーブン不要なパン、
作っちゃいました”

This is a vegetable finger food recipe.

400g suger snap peas
1g Yuzu kosho, or more as needed
1 tablespoon Shirodashi
4g dried bonito flakes
Salt, to taste

1. Remove strings from the sugar snap peas. Bring a pot with salted water to a boil and boil them for two minutes. Drain and rinse with cool water.
2. Cut diagonally in half. Put them in a bowl and mix with Yuzu kosho, Shirodashi, dried bonito flakes and salt.

Tips
The reason why you put some salt into the boiling water is to give more color to the sugar snap peas and bring out the flavor.

This hidden recipe is for those who read this in English.

COLUMN

Q&A

よくある質問にお答えします

Q1. 粉ゼラチンがダマになってしまう

A 粉ゼラチンは冷水に振り入れてふやかすとダマになりにくいのですが、それでもダマになってしまう場合があります。水と合わせたらすぐにスプーン等で混ぜて白い粉が残らないようにふやかしてください。本書のレシピでは粉ゼラチンを冷水にふり入れても、粉ゼラチンに水をかけても（ダマになりやすいといわれていますが、すぐ混ぜることで回避可能）どちらでも大丈夫ですが、とにかくすぐ混ぜてください。

Q2. アールグレイ茶葉はどうやって入れるの？

A 写真のようにティーバッグの白い袋を破き、中の茶葉をそのまま入れて混ぜ合わせてください。茶葉の大きさは写真くらいのものがベスト。茶葉が大きいタイプはすりつぶして使ってください。

Q3. 型から綺麗に外すためには？

A 温めたタオルを何度か型に巻き付け周りを少し温めたり、型の側面をナイフの背でぐるっと一周すると綺麗に外れます。それでも外れない場合は、型ごと受け皿の上にひっくり返し、その場で勢いよく1回転すると遠心力でスルッと外れます。

Q4. スイーツを綺麗にカットするには？

A 包丁をお湯等で温めてからカットすると断面が綺麗に仕上がります。カットするたびに包丁についた生地を拭うとさらに◎。また、ゼラチン使用＆フルーツが入っているタイプのテリーヌは、アルミホイルを表面にかぶせてパン切り包丁で切ると形が崩れにくいです。

Q5. レシピで記載のあるグラニュー糖を、上白糖・きび砂糖・てんさい糖等、他の甘味料で代用することはできますか？

A 可能です。ただ、お菓子は砂糖1つで仕上がりが大きく変わることがあります。はじめは記載通りに作っていただき、2回目からご家庭好みにアレンジしてくださると嬉しいです。

Q6.「ひと晩寝かす」って何時間？

A 8～10時間です。

Q7. 卵を常温にしておくのはなぜ？

A 他の材料と合わせた際の分離を防ぐためです。食感にも違いがでます。

こんなときどうする！？

1. クリームチーズを常温にし忘れてしまった

耐熱容器や耐熱皿にクリームチーズをのせ、600Wの電子レンジで10～15秒加熱してください。まだかたければ、裏返して10秒追加で加熱してください。

2. 卵を常温にし忘れてしまった

卵が浸かる38℃くらいのお湯を用意してください。そこに卵を5分間入れ、人肌くらいになったら使ってOKです。

3. 卵の殻のカケラがボウルに落ちてしまった

割った卵の殻ですくうようにとってみてください（加熱の場合）。にゅるんとしている白身を卵の殻で断ち切ることができ、スムーズにカケラを取り出すことができます。料理のときは、指先を水で濡らして取ることもできます。

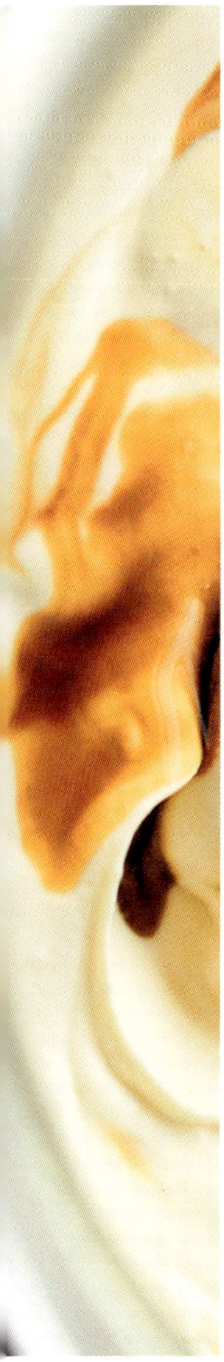

chapter ― 2 混ぜて冷やすスイーツ

まずはシンプルなお菓子から。
お菓子作りは材料を量ったり、焼き時間がかかったり
手間も時間もかかるという印象を持っている方も多いかもしれません。
そんなあなたには、混ぜて冷やすだけのスイーツがおすすめ。
揉むだけ、ミキサーで一発↓流し込むだけと、あらゆる工程を簡単にしました。

4種のアイスクリーム

"混ぜて冷やすだけのアイスクリームが、一番気楽に作れて幸福なスイーツだ"

私のアイスクリームのレシピは、揉んで混ぜて冷やすだけ。
ここまで簡単でおいしいアイスは
もう生み出せないと思うくらいの自信作です。

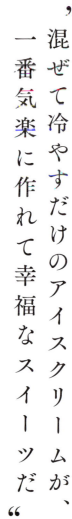

※なめらかモカアイスと濃厚ほうじ茶アイスで使う生卵は新鮮な卵を使ってください。
また、妊娠中の方や小さなお子さんはお控えください。
※冷凍することで卵の菌の繁殖は抑えられますが、常温に置いた時間や食べる際の
環境などで変化するため、なるべく早く冷凍庫にしまってください。
※海外の卵は生食が推奨されていないことが多いためお控えください。
※手作りアイスなので１週間以内に食べきるようにしてください。

夏にぴったり！　しゃりっと濃厚

まるごと桃ジェラート風

材料（4〜6人分）

	桃	1個
A	生クリーム	200mℓ
A	サワークリーム	90g
A	グラニュー糖	25 〜 30g
A	アールグレイ茶葉	3 〜 4g

作り方

1 桃は皮と種を取って冷凍可能な保存袋に入れ、手で揉んでつぶす。

2 1 に **A** を全て加え、揉んだりシェイクしたりしながら混ぜる。

3 空気を抜いて保存袋の口をしっかり閉じ、冷凍庫で1時間半冷やす。一度取り出して揉み、さらに冷凍庫で1時間半冷やす。

紅茶の香りといちごの酸味で爽やかに

アールグレイいちごアイス

材料（23.5×17×高さ5.5㎝のホーロー保存容器）

	いちご	1パック（250g）
A	生クリーム	100mℓ
A	サワークリーム	40g
A	グラニュー糖	30g
A	アールグレイ茶葉	2〜3g

作り方

1 いちごはヘタを取って保存袋に入れ、手で揉んでつぶす。

2 **A**を全てボウルに入れ、ハンドミキサーで9分立てに泡立てる。このときボウルの半分にラップをかけると飛び散りにくい。

3 **2** に **1** を加えてさらに混ぜる。

4 容器に **3** を流し入れ、冷凍庫で3時間冷やす。

MEMO

・果物は揉んでつぶすので、いちごは熟れているか小粒のもの、桃は日川白鳳のようなやわらかい品種がおすすめ。桃は皮に白い斑点がたくさんあるほうが甘いです。
・分離の原因になるので、夏場はエアコンの効いた部屋で、ハンドミキサーは一番速いスピードに設定して泡立ててください。
・計3時間冷やすとジェラートのようなやわらかさに、計5時間冷やすとカチコチに凍ります。カチコチに凍らせた場合、冷凍庫から出して少し常温におき、スプーン等でほぐして盛り付けてください。

お店のアイスのようななめらかさ

濃厚ほうじ茶アイス

材料（23.5×17×高さ5.5cmのホーロー保存容器）

全卵 ……………………………………3個

A
- さらさらとける お〜いお茶 ほうじ茶（伊藤園）……………………大さじ2〜3
- 生クリーム ……………………………200mℓ
- グラニュー糖 …………………………50〜60g

作り方

1 全卵をボウルに入れ、白くもたっとするまでハンドミキサーで泡立てる。

2 別のボウルに **A** を全て入れ、ハンドミキサーで9分立てに泡立てる。

洗い物が減るので ビーターで優しく混ぜてもよし

3 2 に 1 を流し込み、ゴムベラでムラのないように混ぜる。

4 容器に移して冷凍庫で3〜4時間冷やす。

溶けやすくて香りもいいのでおすすめ

コーヒーの香りがたまらない

なめらかモカアイス

材料（23.5×17×高さ5.5cmのホーロー保存容器）

全卵 ……………………………………3個

A
- インスタントコーヒー（水で溶けるタイプ）……………………大さじ1
- 生クリーム ……………………………200mℓ
- グラニュー糖 …………………………50〜60g

作り方

1 全卵をボウルに入れ、白くもたっとするまでハンドミキサーで泡立てる。

2 別のボウルに **A** を全て入れ、ハンドミキサーで9分立てに泡立てる。

洗い物が減るので ビーターで優しく混ぜてもよし

3 2 に 1 を流し込み、ゴムベラでムラのないように混ぜる。

4 容器に移して冷凍庫で3〜4時間冷やす。

1

2

3

”混ぜるのは、ミキサーに任せてもいい“

象印マホービン BM-SS10-BA ミル付きミキサー 1L（ブラック）を使用

材料
（約26.5×20.5×高さ4.5㎝のバット1個分）

（土台）

ビスケット
（チョイス／森永製菓）…………180g

食塩不使用バター…………80g

（生地）

A
- いちご……1パック 250～300g
（300g 推奨）
- クリームチーズ（常温）………200g
- 生クリーム………150mℓ
- グラニュー糖………40g
- レモン汁………大さじ1

粉ゼラチン………7g

水………大さじ2

下準備

・粉ゼラチンを耐熱容器に入れ、大さじ2の水でふやかしておく。すぐ混ぜるとダマになりにくい。
・バットにラップを敷いておく。このときバットに霧吹きなどで水をかけておくと綺麗に敷ける。
・いちごはヘタを取っておく。

MEMO

・3 は底が平らなコップにラップを被せ、型の縁までしっかりと押さえつけると綺麗に仕上がります。
・お好みで即席万能ソース（P70）をかけてもおいしいです。

作り方

（土台）

1 ビスケットを保存袋に入れ、めん棒を転がして細かく砕く。

2 耐熱容器に食塩不使用バターを入れ、600W の電子レンジで 1 分 20 秒加熱して溶かす。1 に入れ、揉んで混ぜ合わせる。

3 2 をバットに敷きつめ、冷蔵庫で冷やしておく。

（生地）

4 A を全てミキサーに入れ、スイッチオン。しっかり混ぜる。

5 ふやかしておいた粉ゼラチンを、600W の電子レンジで 30 秒（沸騰寸前まで）加熱する。軽く混ぜたら 4 に加え、ミキサーで再度混ぜる。

6 3 に 5 を流し入れ、冷蔵庫で 3 時間冷やす。

生地はミキサーで1発！
バットに流し込むだけでできる

いちごレアチーズケーキ

火を使わずに作れて、正方形に切っただけなのに
かわいいお手軽なレアチーズケーキです。

桃の風味が
口いっぱいに広がる

桃の爽やか
ヨーグルトケーキ

暑い夏の日に火を使わないひんやりスイーツが食べたくて。
桃の味が十分に感じられるよう配合を考えました。

材料（直径15cmの丸型底取れタイプ1台分）

（生地）

- 桃……1個（正味200g）
- A 生クリーム……100mℓ
- A プレーンヨーグルト……100g
- A グラニュー糖……20〜25g
- A レモン汁……大さじ½

（土台）

- ビスケット（チョイス／森永製菓）……100g
- 食塩不使用バター……50g

- 粉ゼラチン……5g
- 水……大さじ1
- 飾り用の桃……お好みで

下準備

・粉ゼラチンは耐熱容器に入れ、大さじ1の水でふやかしておく。すぐ混ぜるとダマになりにくい。

作り方

1 ビスケットを保存袋に入れ、めん棒を転がして細かく砕く。

2 耐熱容器に食塩不使用バターを入れ、600Wの電子レンジで1分20秒加熱して溶かす。1に入れ、揉んで混ぜ合わせる。

3 型に2を敷きつめ、冷蔵庫で冷やしておく。

4 桃とAを全てミキサーに入れ、スイッチオン。よく混ぜる。

5 ふやかしておいた粉ゼラチンを600Wの電子レンジで10〜15秒（沸騰寸前まで）加熱したら4に入れ、スイッチオン。

6 5を3に流し込み、冷蔵庫で4時間冷やす。お好みで飾り用の桃をのせる。

MEMO

・型の周りを温めたタオルで何回か巻くと綺麗に取り外せます。
・お好みで桃ソース（P71）を添えてもおいしいです。

3は底が平らなコップにラップを被せ、型の縁までしっかりと押さえつけると綺麗に仕上がる。

保存袋に入れて揉むことで手や道具が汚れず、洗い物が減る。

いろいろなレシピに活用できる 万能クリーム3選

混ぜるだけでできる万能クリームは、デコレーションしたり、スイーツに添えたりとアレンジは無限大。生クリームは動物性のものがコク深いのでおすすめです。
(私は乳脂肪分40%以上のものを使用)
冷蔵庫から出したての冷たい生クリームで作ってくださいね。

※写真上の演出で、黒蜜を入れるタイミングはここではありません。

黒蜜クリーム

シフォンケーキや
パンナコッタにもよく合います

材料

生クリーム……200mℓ
黒蜜……35～40g
マスカルポーネ……100g
卵黄……1個分

作り方

ボウルに生クリームと黒蜜を入れ、ハンドミキサーで9分立てに泡立てる。卵黄とマスカルポーネを加えてゴムベラで混ぜ合わせる。

生クリームの仕立て POINT

・室温が高いときは氷を入れたボウルに（水は入れないで）ひと回り小さいボウルを重ねて冷やしながら泡立てます。
・とにかく手早く泡立てることが成功への近道。ハンドミキサーの一番速いスピードで泡立てると失敗が少ないです。

※生卵を使用しているので当日中に食べきるようにしてください。また、妊娠中の方や小さなお子さんは控えてください。
※演出上最後に黒蜜を追加していますが、作る際は泡立てる前に入れてください。

コクがあり
どのスイーツとも相性抜群

マスカルポーネクリーム

材料

マスカルポーネ …………………………… 100g
生クリーム …………………………… 200mℓ
卵黄 …………………………………… 1個分
グラニュー糖 ………………………… 20 ～ 30 g

作り方

ボウルに生クリームとグラニュー糖を入れ、ハンドミキサーで9分立てに泡立てる。卵黄とマスカルポーネを加えてゴムベラで混ぜ合わせる。

※生卵を使用しているので当日中に食べきるようにしてください。また、妊娠中の方や小さなお子さんは控えてください。

ほろ苦さがクセになる芳醇な味わい

コーヒークリーム

材料

生クリーム …………………………… 200mℓ
インスタントコーヒー
（水で溶けるタイプ）…………………… 大さじ½
グラニュー糖 ………………………… 20 ～ 30g

作り方

1 分量内の生クリーム30mℓとインスタントコーヒーをボウルに入れ、ハンドミキサーのビーターの部分を使ってグルグルと手動で溶かしきる。

2 1に残りの生クリームとグラニュー糖を加え、お好みの固さまで泡立てる。

MEMO

・お湯に溶かすタイプのインスタントコーヒー大さじ½を大さじ1のお湯で溶かし、冷まして使ってもOK。
・泡立てすぎてしまったら少量の牛乳を加えてください。

レンジで温めて混ぜるだけ！ もっちり濃厚

抹茶スコッププリン

もっちり、なめらかな舌触り。スプーンですくって食べる
「スコップスタイル」です。黒蜜クリームを添えてどうぞ。

材料
（iwaki保存容器1個分
1200mℓ／幅18.5×奥行18.5×高さ5.5㎝）

生クリーム	200mℓ
牛乳	200mℓ
抹茶	10～15g
グラニュー糖	40g
粉ゼラチン	5g

下準備

・粉ゼラチンは、分量内の牛乳大さじ2でふやかしておく。すぐ混ぜるとダマになりにくい。

作り方

1 耐熱容器にグラニュー糖と抹茶を入れて混ぜる。そこに牛乳を少しずつ加えながらホイッパーでしっかり混ぜていく。600Wの電子レンジで2分半（沸騰寸前まで）加熱し、軽く混ぜる。

小さいホイッパーで混ぜるとダマになりにくい。

2 1にふやかしておいた粉ゼラチンを入れ、溶けきるようにホイッパーで混ぜる。

粉ゼラチンを入れてからも小さいホイッパーで混ぜる。

生クリームがぬるいと分離する可能性があります

3 粉ゼラチンが完全に溶けたら、冷蔵庫から出したての生クリームを2に加えて混ぜる。

4 容器に3を流し込む。粗熱がとれている状態なのでそのまま冷蔵庫で2時間冷やす。

MEMO

・7～8分立ての黒蜜クリーム（P42）をトッピングするとよりおいしいです。

レンジで簡単！ 混ぜるだけ！

濃厚スコップパンナコッタ

作り置きできるスイーツとして人気です。もっちり濃厚なパンナコッタには、P70の即席万能ソースがぴったり！

材料

（iwaki保存容器1個分
1200mℓ／幅18.5×奥行18.5×高さ5.5㎝）

生クリーム	200mℓ
牛乳	200mℓ
グラニュー糖	30〜40g
粉ゼラチン	5g

下準備

・粉ゼラチンを分量内の牛乳大さじ2でふやかしておく。すぐ混ぜるとダマになりにくい。

作り方

1 耐熱ボウルに下準備の残りの牛乳とグラニュー糖を入れ、600Wの電子レンジで2分半（沸騰寸前まで）加熱する。

2 **1** にふやかした粉ゼラチンを入れ、溶けきるようにホイッパーで混ぜる。

生クリームがぬるいと
分離する可能性があります

3 ゼラチンが完全に溶けたら、**2** に冷蔵庫から出したての生クリームを加えて混ぜる。

4 容器に **3** を流し込む。粗熱がとれたら冷蔵庫で2時間冷やす。

甘酸っぱさがたまらない！

いちごスコップババロア風

シュワシュワな食感といちごの甘酸っぱさがアクセント。いちごの風味を十分に感じられるレシピです。

材料

（iwaki保存容器1個分
1200mℓ／幅18.5×奥行18.5×高さ5.5㎝）

A
- いちご …………1パック（250～300g）
- グラニュー糖 ……………………30g
- 生クリーム ……………………200mℓ
- 牛乳 ……………………50mℓ

- 粉ゼラチン ……………………10g
- 水 ……………………大さじ3

下準備

・粉ゼラチンは耐熱容器に入れ、大さじ3の水でふやかしておく。すぐ混ぜるとダマになりにくい。
・いちごはヘタを取っておく。

作り方

1 **A**を全てミキサーに入れ、スイッチオン。しっかり混ぜる。

2 ふやかしておいた粉ゼラチンを600Wの電子レンジで40秒ほど（沸騰寸前まで）加熱して溶かし、ミキサーの中に入れてスイッチオン。しっかり混ぜていく。

3 容器に流し入れ、冷蔵庫で1時間半冷やす。

MEMO

・お好みで7～8分立てのマスカルポーネクリーム（P43）や即席万能ソース（P70）をトッピングして召しあがれ。

生地はハンドミキサーで混ぜるだけ

いちごのスティックケーキ

アールグレイクリーム（P58のいちごのリースタルトで使用）が好きな人は気に入ってくれるはず。
いちごの断面が可愛らしく、おもてなしにもぴったりです。

材料
（約26.5×20.5×高さ4.5cmのバット1個分）

生地

A
- 生クリーム……185mℓ
- サワークリーム……90～100g
- ギリシャヨーグルト……100g
- グラニュー糖……40g
- アールグレイ茶葉……3g
- レモン汁……大さじ1

- いちご……1パック250～300g
- 粉ゼラチン……5g
- 水……大さじ1
- 生クリーム……15mℓ

土台

- ビスケット（チョイス／森永製菓）……200g
- 食塩不使用バター……100g

下準備

・粉ゼラチンは耐熱容器に入れ、大さじ1の水でふやかしておく。すぐ混ぜるとダマになりにくい。
・バットにラップを敷いておく。霧吹きなどでバットに水をかけておくと敷きやすい。
・いちごは5mm幅に切っておく。

霧吹きでバットに水をかけるとラップがピタッと密着する。

保存袋に入れて揉むことで手や道具が汚れず、洗い物が減る。

作り方

土台

1 ビスケットを保存袋に入れ、めん棒を転がして細かく砕く。

2 耐熱容器に食塩不使用バターを入れ、600Wの電子レンジで1分20秒加熱して溶かす。1に加え、揉みながら混ぜ合わせる。

3 2をバットに敷きつめ、冷蔵庫で冷やしておく。底が平らなコップにラップを被せて、型の縁までしっかりと押さえつけて敷きつめると綺麗に仕上がる。

生地

生クリームは15mℓ残しておいて！

4 ボウルにAを全て入れ、ハンドミキサーで混ぜる。ボウルの半分にラップをすると飛び散り防止に。

5 ふやかしておいた粉ゼラチンに生クリーム15mℓを入れ、600Wの電子レンジで20秒（沸騰寸前まで）加熱する。軽く混ぜて4に加え、しっかりと混ぜる。

6 3に5を流し込み、冷蔵庫で5分寝かせる。1度取り出し、いちごを埋めこむように並べてさらに冷蔵庫で2時間冷やす。正方形や長方形にカットしてどうぞ。

MEMO

お好みで即席万能ソース（P70）をトッピングして召しあがれ。

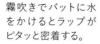

材料はたった3つ！ 夏に食べたい爽やかさ

桃のゼリーテリーヌ

午後の紅茶と桃の相性が想像以上にぴったりで、レシピに落とし込みました。
紅茶の風味がやわらかい桃によくなじみます。

材料（21㎝のパウンド型1台分）

キリン 午後の紅茶 ストレートティー
（キリンビバレッジ）……………………300mℓ
桃……………………………………2個
粉ゼラチン…………………………8g

作り方

1 耐熱ボウルに粉ゼラチンを入れ、午後の紅茶50mℓでふやかす。すぐ混ぜるとダマになりにくい。

2 桃はひと口大に切り、型に並べる。

3 1を600Wの電子レンジで50秒（沸騰直前まで）加熱し、残りの午後の紅茶250mℓを加えてホイッパーで混ぜ合わせる。

4 3を2に流し入れ、冷蔵庫で3時間冷やす。カットして召しあがれ。

MEMO

・型から外れない場合はP32のQ3を参照。
・桃は大きいサイズより中サイズのほうが紅茶と桃の風味がしっかり感じられるのでおすすめ。また、かたい品種より日川白鳳のようなやわらかい品種のほうが、桃の繊維にゼリーが絡んでカットしやすく、紅茶の風味がより染み込んでおいしいです。

甘さと香りがちょうどいい！

2 桃はひと口大にカットし、ゼリーの体積がある程度とれるように並べる。

4 アルミホイルを表面に被せてパン切り包丁で切ると形が崩れにくい。

3

ふやかしたゼラチン
は、手で摑める固さ

MEMO

型から外れない場合はP32のQ3を参照。

子どもにも大人にも大人気

濃厚ショコラプリン

混ぜるだけでできるのに、もっちりなめらかな味わい。
お好きな即席万能クリームを添えてもおいしいです。

材料（21cmのパウンド型1台分）

板チョコ（ブラック）………… 3枚（150g）
牛乳 ……………………………… 250mℓ
生クリーム ……………………… 200mℓ
グラニュー糖 …………………… 大さじ1
粉ゼラチン ……………………… 10g
水 ………………………………… 大さじ2
ココアパウダー
（最後にふるう用）……………… お好みで

下準備

・粉ゼラチンは大さじ2の水でふやかしておく。すぐ混ぜるとダマになりにくい。

作り方

1 耐熱ボウルに板チョコを細かく割り入れ、牛乳を流し込む。

2 1を電子レンジに入れ、ラップはせず600Wで3分20秒ほど（沸騰直前まで）加熱する。

ぬるくて溶けなかったら
追加加熱してOK

3 2にグラニュー糖とふやかした粉ゼラチンを加え、ホイッパーで混ぜて溶かす。

4 粉ゼラチンと板チョコがしっかり溶けたら、冷蔵庫から出したての生クリームを加え、ホイッパーで混ぜる。

ぬるいと分離の原因になる
可能性があるので注意！

5 4を型に流し入れ、冷蔵庫で4時間冷やす。お好みでココアパウダーをふるう。

このシンプルな見た目と素朴な味がいいんです

絶品生チョコ

鍋は使わずレンジで完結。チョコレートと生クリームを混ぜるだけと
材料も作り方もシンプルなのに絶品です。

材料（31×24×高さ4.7㎝のバット1個分）

板チョコ（ミルク）…………8枚（400g）
生クリーム……………………200mℓ
ココアパウダー………………適量

作り方

1 バットにクッキングシートを敷く。

2 耐熱ボウルに板チョコを細かく割り入れる。そこへ生クリームを入れて600Wの電子レンジで3分加熱し、クリーム状になるまでヘラ or ホイッパーで混ぜ合わせる。

3 1に2を流しこむ。綺麗な正方形に作りたい方は24時間冷蔵庫で冷やす。気にならない方は12時間でOK！

4 生チョコをクッキングシートから剥がし、カットしたらココアパウダーをまぶす。

チョコレートが溶けなかったら追加で加熱する。

MEMO

・包丁を温めてからカットすると綺麗に切れます。また、包丁についた生チョコを都度拭うと断面がさらに綺麗になります。
・丸めてチョコレートトリュフにするのもおすすめ。

COLUMN

クッキングシートの切り方一覧表

本書で登場するスクエア型・パウンド型・丸型にクッキングシートを敷く方法を紹介します。
レシピによってはクッキングシートが必要になりますので、参考にしてください。

-----> 谷折り　✂——> 切る

(スクエア型)

▼

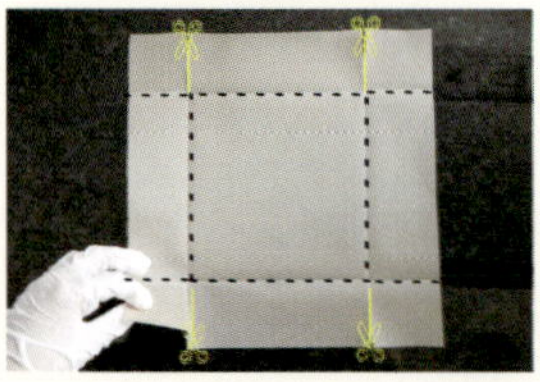

(パウンド型)

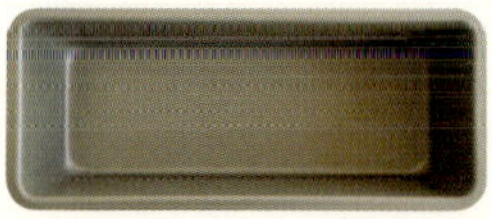

▼

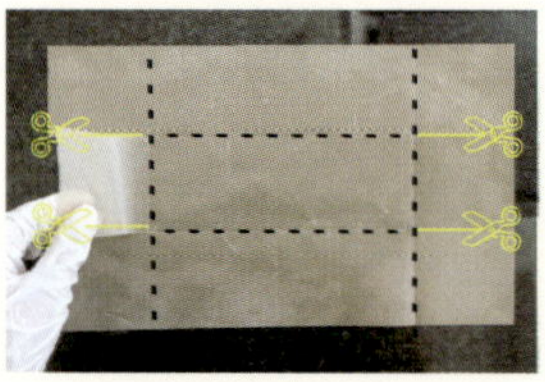

(丸型)

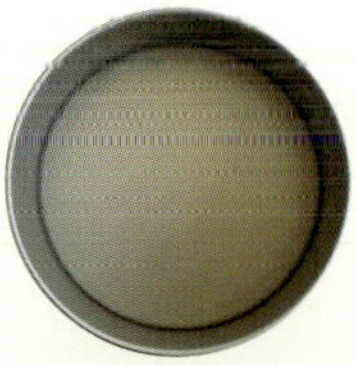

▼

クッキングシートの切り方

クッキングシートの真ん中に型をおき、型に合わせて四辺に筋をつけます。目安が決まったらしっかりと折り目をつけて、ハサミで切り込みを入れてください。切った部分が重なるように、型に敷いていきます。

POINT

- 型より1～2cm高さが出るように切ってください。
- 少しだけ小さめに折ると型にスポッとはまります。（丸型は除く）

愛用のクッキングシート

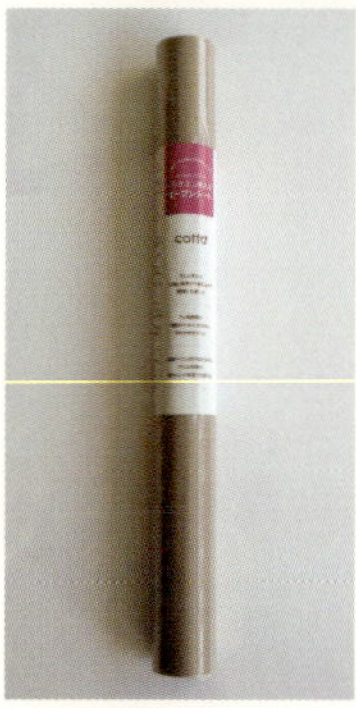

cottaの「くり返し使えるオーブンシート」は、洗って再利用できるから、一度型に合わせて切っておけば何度も作る必要がありません。また、ケーキを焼いた際に気になる側面のシワもできにくく、ツルッとキレイな仕上がりになります。焼き上がりもしっとりするのでお気に入り。

保存瓶の消毒方法

即席万能ソースやガーリックコンフィを保存するときに使える保存瓶の消毒方法を紹介します。
保存容器に菌が付着しているとカビや腐敗の原因となるため、消毒をしておくと安心です。

下準備
- 保存瓶や蓋は消毒前に洗剤で洗い、綺麗な状態にしておきましょう。
- 耐熱性容器でない場合は、アルコール消毒にしてください。

〈煮沸消毒〉

大きな鍋に清潔な布巾を敷き（割れ・ズレ防止）、瓶と蓋、使用する道具、それらがしっかり浸るほどの水を入れ、沸騰させます。沸騰したら火を少し弱め、やさしい火加減で10分ほど沸騰させると殺菌消毒ができます。瓶と蓋は清潔な乾いた布巾やキッチンペーパーの上に取り出し、逆さに置いて自然乾燥で水気を切ります。

〈アルコール消毒〉

鍋に入りきらない大きな瓶や耐熱性でない容器を使う場合は、食品に使用可能なパストリーゼやアルコール度数が35度以上のホワイトリカー等で消毒をしてください。パストリーゼは瓶に吹きかけたら、逆さに置いて自然乾燥させてください。アルコールは蒸発しますので匂いは残りません。ホワイトリカーは瓶の中に少量入れ、清潔な乾いた布巾やキッチンペーパー等で隅々まで塗り広げます。

chapter — 3

焼くけど簡単なスイーツ

私が作る焼き菓子は、もしかしたらご法度な作り方だと言われるかもしれません。
バターは室温で戻さずレンチン、小麦粉は袋に入れて振るだけですから。
それでもおいしく仕上がるよう、何度も試作をしてきました。
騙されたと思って、ぜひ一度作ってみてください。

究極の簡単&時短タルト
いちごのリースタルト

“タルト台はお菓子作りで
ご法度と言われる
溶かしバターで簡単に。”

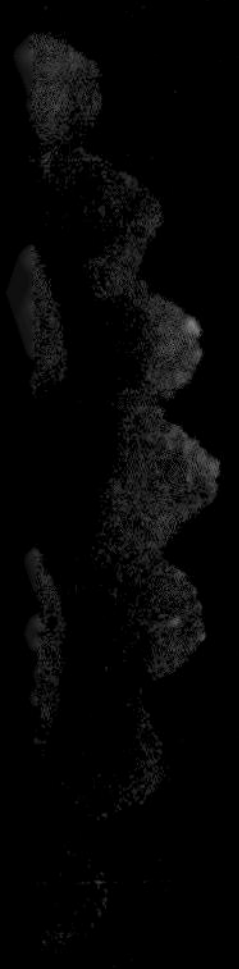

私がタルトを作る際にため息が出てしまうのは、タルト台を作る工程。バターを常温に戻して、なめらかになるまで練って、粉はふるって…。

だから、ご法度と言われるかもしれませんが、このレシピは溶かしバターを使ってめちゃくちゃ簡単にしました。タルト台の敷き込み方も簡単な方法で記載してあります。また、リクエストの多かったクリームの絞り方も写真付きでご紹介。

他も可能な限り簡単にしましたが、安心してください。味は保証します!

“「レシピ教えて！」のリクエストNo.1！”

材料
（直径20cmのタルト型1台分　6~7cm丸型クッキー型使用（セルクルでもOK））

（タルト台）

A
- 薄力粉……120g
- グラニュー糖……30g
- 卵黄……1個分

- 食塩不使用バター……70g

（クレームダマンド）

B
- 食塩不使用バター（常温）……50g
- グラニュー糖……50g

- 全卵（常温）……1個
- アーモンドプードル……50g
- 薄力粉……10～15g

（アールグレイクリーム）

C
- サワークリーム……90g
- 生クリーム……200mℓ
- グラニュー糖……25g
- アールグレイ紅茶ティーバッグ（日東紅茶）……2～4g

- いちご（飾り用）……適量

作り方

①タルト台を作る

（タルト台）

1 耐熱容器に食塩不使用バターを入れ、600Wの電子レンジで1分加熱して溶かす。**A**を全て入れたボウルに流し入れ、手で素早く混ぜ合わせてまとめる。

2 1を2枚のラップで挟み、2mmほどの厚さになるまでめん棒でのばす。タルト型の大きさより少し大きめにのばすといい。

MEMO　重石はいりません。

3 ラップを1枚取り、ひっくり返して生地を型に被せる。もう1枚のラップを取り、生地を型に沿わせるように敷き込む。余分な生地は取り除いて形を整える。クッキー型で真ん中をくりぬく。

4 再度クッキー型をはめ、余った生地を紐状にのばし、クッキー型に巻き付ける。接着面を指で押さえて留めたらフォークで穴を複数あけ、冷蔵庫で冷やしておく。

"タルト台はレンチン
溶かしバターでOK"

作り方の動画は
ここをCHECK

② タルト台とクレームダマンドを組み立てる

クレームダマンド

5 Bを全てボウルに入れ、白くなるまでハンドミキサーでよく混ぜる。

少しくらい
分離してもOK！

6 5 にしっかりと混ぜた溶き卵を3回に分けて入れ、ハンドミキサーでその都度よく混ぜる。

7 6 にアーモンドプードルと薄力粉を入れ、ヘラで練るようによく混ぜる。つやが出たら OK。ラップで包んで冷蔵庫で冷やし、オーブンを 170°Cに予熱開始。

8 タルト台に 7 を敷き込み 170°Cのオーブンで 40 分焼く。焦げそうになったらアルミホイルを被せる。

9 常温でしっかり冷ましてからタルト型やクッキー型を外す。冷蔵庫でひと晩寝かせると生地がなじんでより美味しくなる。

③ 飾りつけをする

アールグレイクリーム

茶葉が大きいタイプは
あらかじめすりつぶして

10 C を全てボウルに入れる。茶葉はティーバッグを破いて入れる。（P32 Q2 参照）

11 生クリームが飛ばないようにボウル半分にふんわりとラップをかける。隙間にハンドミキサーを入れ、8～9 分立てに泡立てる。

12 タルト台にアールグレイクリームやいちごなどでお好みのデコレーションをする。（P42 の万能クリームでアレンジ可能）

12

クリームは円を描くように配置する。

POINT

ぷっくり絞るのがコツ

隣り合うクリーム同士が向かい合うように絞る

クリームは口金は使わず、切りっぱなしの口（直径 1cm）から絞りをしています。高さ 1cm ほどの位置に絞り口をおき、垂直に絞っていきます。このとき、絞っているクリームに絞り口を軽く押しながら絞るのがコツ。ぷっくりしたら絞り終わりが向かい合うように絞っていきます。

香りがほどよく
粉感もちょうどいい

8

ゴムベラやスプーンで広げる。

何年も作り続けている

リッチなオレンジタルト

タルト台は溶かしバターで、クレームダマンドはハンドミキサーで。
できる限り簡単に、だけど美味しさはそのままに。

材料（直径20cmのタルト型1台分）

タルト台

A
- 薄力粉……120g
- グラニュー糖……30g
- 卵黄……1個分

- 食塩不使用バター……70g

クレームダマンド

B
- 食塩不使用バター（常温）……50g
- グラニュー糖……50g

- 全卵（常温）……1個
- アーモンドプードル……50g
- 薄力粉……10g

オレンジの甘煮

- オレンジ……4個
- グラニュー糖……90g
- 水……250mℓ
- ラム酒……小さじ2

- アプリコットジャム……大さじ2
- 水……大さじ½
- ピスタチオ……お好みで
- 粉糖……お好みで

MEMO

重石はいりません。

作り方

オレンジの甘煮

1 白い部分がしっかり残るようにオレンジの皮をむき、4～5mm幅にスライスする。種は取っておく。

2 直径の大きいフライパン or 鍋にグラニュー糖と水を入れ、中火にかけてグラニュー糖を溶かす。

3 弱火にして 1 を並べていく。ラム酒をたらし、クッキングシートで落とし蓋をして弱火で 30 ～ 40 分煮る。

タルト台

4 食塩不使用バターを耐熱容器に入れ、600W の電子レンジで 1 分加熱して溶かす。**A** を全て入れたボウルに流し入れ、手で素早く混ぜ合わせてまとめる。

5 4 を 2 枚のラップで挟み、タルト型より少し大きめに、2mmほどの厚さになるまでめん棒でのばす。

6 ラップを 1 枚取り、ひっくり返して生地を型に被せる。もう 1 枚のラップを取り、生地を型に沿わせるように敷き込む。余分な生地は取り除いて形を整える。フォークで穴を複数あけ、冷蔵庫で冷やしておく。

クレームダマンド

7 **B** をボウルに入れ、白くなるまでハンドミキサーでよく混ぜる。

少しくらい分離してもOK！

8 7 にしっかりと混ぜた溶き卵を 3 回に分けて入れ、ハンドミキサーでその都度よく混ぜる。

9 8 にアーモンドプードルと薄力粉を入れ、つやが出るまでヘラで練るようによく混ぜる。ラップで包んで冷蔵庫で 15 分冷やす。オーブンを 170°Cに予熱開始。

仕上げ

10 クレームダマンドをタルト台に敷き込み、粗熱がとれたオレンジの甘煮を立体的に並べていく。170°Cに予熱したオーブンで 45 ～ 50 分焼く。オレンジの一部がこんがりしているくらいがおすすめ。

11 常温でしっかり冷ましてから型から外す。冷蔵庫でひと晩寝かせると生地がなじんでよりおいしくなる。

12 アプリコットジャムと水を耐熱皿で混ぜ合わせ、600W の電子レンジで 10 秒温め、ザルで濾す。

13 12 の濾した汁をスプーンでタルトに塗りつやを出す。お好みでピスタチオや粉糖をふるう。

オレンジの甘煮 1

オレンジは上下を少し切ると皮がむきやすい。

オレンジの甘煮 3

オレンジの白い部分がほんのり透明になり、とろみがついたら出来上がり。

仕上げ 10

オレンジの甘煮は端から並べていき、最後の 1 枚は 8 の字になるようにひねると立体感がでる。

材料（直径17㎝のシフォン型1台分）

（卵黄生地）

卵黄 ……………… 4個分
グラニュー糖 ……………… 30g
太白胡麻油 ……………… 40g
牛乳（豆乳でも可）……………… 60mℓ
米粉 ……………… 80g
バニラオイル ……………… 3滴

（メレンゲ）

卵白 ……………… 4個分
グラニュー糖 ……………… 30g

作り方

（卵黄生地）

1 大きいボウルに材料を上から順に入れ、ハンドミキサーでその都度よく混ぜる。ハンドミキサーは2で使う前に必ず洗い、水気をしっかり拭いておく。

2 （メレンゲ）
砂糖を入れるのが早いと全く泡立たなくなるので注意！
別のボウルで卵白を8分立てに泡立てる。グラニュー糖を3回に分けて加え、その都度よく混ぜてしっかりとしたメレンゲを作る。

3 ゴムベラで2をひとすくいして1に加え、ぐるぐると混ぜ合わせる。残りのメレンゲを加え、底からすくうようにしてムラのないようにやさしく混ぜ合わせる。

4 生地をやや高い位置から型に流し入れ、トントンと空気を抜く。最後に竹串で生地をぐるぐる混ぜて170°Cのオーブンで25～30分焼く。

5 焼成後すぐにオーブンから取り出し、ビンやマグカップを使って型ごと逆さにして冷ます。（目安は3時間）

粗熱がとれたら食べてもいいがひと晩寝かせるとさらにおいしい

6 完全に冷めてから、手で少しずつ圧力をかけ生地と型に隙間を作り、底を押しあげて型から外す。

下準備

・オーブンを170°Cに予熱する。このとき天板も一緒に温める。
・卵黄と卵白を分けたら、卵白は使う直前まで冷蔵庫に入れて冷やしておく。

2 メレンゲは艶やかでツノがお辞儀する or ピンと立つくらいまで泡立てます。

4 筒の部分をしっかりと押さえ、調理台に軽く落とし空気を抜きます。

5 フッ素樹脂加工の型だと逆さまにした際に生地が落ちてきてしまう場合があるので、アルミ型がおすすめ。

6 圧力をかけてもふわふわの状態に戻る。

MEMO

・紙の型でも焼けますが、水分が飛びしっとり感が損なわれてしまうためアルミ型がおすすめです。
・シフォンケーキは高さがあるため、天板ごと予熱してください。
・完全に冷めてから型から外してください。あたたかいと型外しが困難になります。
・お好みで万能クリーム（P42）や即席万能ソース（P70）を添えて召しあがれ。
・型についた生地はパン作り等で使うプラスチック素材のカードで削ってください。洗い物が楽になります。

米粉と太白胡麻油を使った

ふわふわシフォンケーキ

米粉によって吸水量が変わるため、いろいろなメーカーの米粉で試作をくり返し、
仕上がりの差異が少ない配合を見つけました。

オーブンいらずー　フライパンで作れる

昭和レトロなかためスコッププリン

ほろ苦いカラメルと卵のやさしい香りにほっとします。火が通りすぎたかな？くらいのほうが大きな失敗は少ないです。

材料（iwaki保存容器1個分 1200mℓ／幅18.5×奥行18.5×高さ5.5cm）

プリン生地

- 全卵……4個
- 牛乳……400mℓ
- グラニュー糖……40g
- バニラオイル……数滴

カラメル

- グラニュー糖……60g
- 水……大さじ1
- お湯……大さじ1

作り方

カラメル

砂糖が固まってしまうので、絶対にかき混ぜないでください

1 グラニュー糖（60g）と水を小鍋に入れ、鍋をゆすりながら中火で加熱する。

お湯を入れる際ジュワッとはねるので火傷に注意！

2 茶色に変わってきたら火を止め、お湯を加えて手早く容器に流し入れる。全体に行き渡るようになじませ、常温のままおいておく。

プリン生地

洗い物のハードルがグッと下がります

3 2の鍋に牛乳を入れ、カラメルを溶かしながら沸騰直前まで温める。

4 ボウルに全卵とグラニュー糖とバニラオイルを入れ、泡立たないようにホイッパーでよく混ぜる。泡立て器をボウルの底につけながら、やさしく混ぜると泡立ちにくい。

5 4に3を少しずつ加えホイッパーでよく混ぜる。

6 2に5を流し入れる。

7 大きめのフライパンに6を入れ、容器の半分の高さまで水を張り中火で加熱する。沸騰したら弱火にし、蓋をして30分ほど加熱する。火を止めて15分余熱で蒸し、手で触れるくらいになったら取り出す。

8 粗熱がとれたら冷蔵庫で3時間冷やす。お好みで7～8分立ての万能クリーム（P42）や即席万能ソース（P70）、フルーツを飾る。

MEMO

- iwakiの容器は厚みがあるのでじんわり火が通り、なめらかなプリンができます。
- カラメルを苦めにしたい方はカラメルが濃い色になったらお湯を入れてください。
- 必ずフライパンの蓋をして加熱してください。アルミホイルだと火が通りません。
- さらにかためのプリンにしたい場合は、中弱火で蒸らす時間を長めに。やわらかめにしたい場合は、ふるふると揺れるくらいを目安にしてみてください。

紅玉りんごの酸味がアクセント

りんごとくるみのチーズケーキ

生地はハンドミキサーで混ぜるだけ。
りんごのコンポートはレンジでチンするだけの
お手軽チーズケーキができました。

材料（直径15㎝の丸型底取れタイプ1台分）

（生地）

- クリームチーズ（常温）………… 200g
- 生クリーム………………… 200mℓ
- 全卵（常温）………………… 2個
- グラニュー糖……………… 大さじ4
- レモン汁………………… 大さじ2
- 薄力粉…………………… 大さじ1

（りんごのコンポート）

- りんご（紅玉がおすすめ）………… 1個
- グラニュー糖………………… 30g
- レモン汁………………… 大さじ1

（土台）

- ビスケット（チョイス／森永製菓）……… 70g（8枚）
- 食塩不使用バター……………… 40g
- くるみ…………………………… 20g

下準備

・油がオーブンにつかないよう型の底にオーブンシートを敷いておく。

作り方

（りんごのコンポート）

1 りんごは皮をむいて芯を取り、1〜2cmのさいの目切りにする。（P86参照）

2 耐熱ボウル（または耐熱皿）にりんごのコンポートの材料を全て入れ、ふんわりラップをして600Wの電子レンジで4分加熱する。加熱後、軽く混ぜて粗熱をとる。

（土台）

3 ビスケットとくるみを保存袋に入れ、めん棒を転がして細かく砕く。そこへ600Wの電子レンジで1分加熱した溶かしバターを入れ、よく揉んでなじませる。ここでオーブンを170°Cに予熱開始。

底が平らなコップにラップを被せギュッと押して

4 型に3を入れ、敷きつめたら冷蔵庫で休ませる。

5 生地の材料を全てボウルに入れ、ハンドミキサーでしっかり混ぜ合わせる。

切り分けやすいよう、中心にはおかないで

6 手でしっかり水気を絞った2を4に並べていく。

お好みの焼き色でアルミホイルをかぶせて

7 6に5を流し入れ、170°Cのオーブンで40〜50分焼く。粗熱がとれたら型のまま冷蔵庫に入れ、6時間冷やす。

MEMO

型の周りに温めたタオルを何度か巻くと生地が綺麗に外れます。

全ての材料を一気に混ぜるだけ

はかり不要の甘酸っぱいバスクチーズケーキ

自分好みの甘酸っぱいバスクチーズケーキを作ってしまいました。
さっぱりしているので、いくらでも食べられます。

材料（直径15cmの丸型底取れタイプ1台分）

生地

クリームチーズ（常温）	200g
全卵	3個
グラニュー糖	大さじ4～5
生クリーム	200mℓ
レモン汁	大さじ2
薄力粉	大さじ1

下準備

・オーブンを220°Cに予熱しておく。

作り方

1 オーブンシートをクシャクシャと丸め、開いて型に敷き詰める。

2 ボウルに材料を全て入れ、ハンドミキサーでしっかり混ぜ合わせる。

お好みの焼き色でやめてね

3 2を型に流し入れ、220°Cのオーブンで20分、その後200°Cに下げて20～30分焼く。

4 粗熱をとり、型のまま冷蔵庫に入れて6時間冷やす。

MEMO

・オーブンシートは水に濡らすとやわらかくなり型に沿わせて綺麗に敷くことができます。水滴はよく拭いてください。
・包丁を温めてカットすると断面が綺麗に仕上がります。
・お好みで万能クリーム（P42）や即席万能ソース（P70）を添えて召しあがれ。

もっちりサクサク

やみつきチュロス

特別感のあるチュロスがお家でも食べられたらいいなと思って作りました。シナモンシュガーをつけてどうぞ。

材料（8本分／口金サイズ→外寸27㎜、口径14.5㎜）

- A
  - 牛乳 …… 115mℓ
  - バター …… 20g
  - グラニュー糖 …… 5g
- 強力粉 …… 80g
- 全卵（常温） …… 1個
- 揚げ油 …… 適量

（お好みで）

- グラニュー糖 …… 30g
- シナモン …… 2つまみ

下準備

・クッキングシートを 15 × 4cm の大きさに 8 枚切っておく。

作り方

1 シナモンシュガーの材料をバットに入れ、スプーンなどで混ぜておく。

2 鍋に A を入れ、中火にかける。バターが溶けて沸騰したら火を止め、強力粉を加える。ゴムベラで練るようにしっかり混ぜ合わせ、生地をまとめる。

3 ボウルに 2 を入れ、しっかり混ぜた溶き卵を 2 ～ 3 回に分けて加えながらゴムベラで混ぜ、生地にしっかりなじませていく。

押しつけないように絞るのがコツ

4 絞り袋に星口金をセットし、温かい 3 を入れる。クッキングシートの上に 13 ～ 15cmの長さに絞っていく。

5 揚げ油（深さ 3cm）を 170 ～ 180°Cに熱し、4 をクッキングシートごと揚げていく。30 秒たったらクッキングシートを取る。途中でひっくり返しながら、両面がきつね色になるまで揚げる。

6 油を切り、お好みで温かいうちにシナモンシュガーをまぶす。

MEMO

・生地を絞り出すときは丸い口金はNG。中の生地が膨張してポンッと弾けるおそれがあります。
・お好みで即席万能ソース（P70）をつけて召し上がれ。

素材を活かした甘さ控えめの

即席万能ソース5選

甘さ控えめ、酸味がやや強めなソースたち。グラニュー糖を使っているのは、フルーツ本来の味を活かしながら、クセのないさっぱりとした甘みがつけられて色も綺麗に仕上がるから。いろいろなスイーツや料理に合わせやすいよう調節しました。

マンゴーソース

材料

フローズンマンゴー……250g
グラニュー糖……10g
レモン汁……大さじ2

作り方

1 鍋に材料を全て入れ、中火にかける。

2 グツグツしたら、マッシャー等でお好みの粗さにマンゴーをつぶす。混ぜながら5分煮込んでとろみがついたら火からおろす。

POINT

いちごは色が濃く、小粒のものが好ましいです。

いちごソース

材料

いちご……1パック(250g)
グラニュー糖……15～25g
レモン汁……大さじ1

作り方

1 いちごのヘタを取り、全ての材料を鍋に入れて中火にかける。

2 グツグツしたら、マッシャー等でお好みの粗さにいちごをつぶす。混ぜながら5分煮込んでとろみがついたら火からおろす。

桃ソース

材料

桃……1個(正味220g)
グラニュー糖……10g
レモン汁……大さじ½～1

作り方

1 桃はひと口大にカットする。鍋に材料を全て入れ、中火にかける。

2 グツグツしたら、マッシャー等でお好みの粗さに桃をつぶす。混ぜながら5分煮込んでとろみがついたら火からおろす。

ミックスベリーソース

材料

フローズンミックスベリー……300g
グラニュー糖……15～25g
レモン汁……大さじ1

作り方

1 鍋に材料を全て入れ、中火にかける。

2 グツグツしたら、マッシャー等でお好みの粗さにミックスベリーをつぶす。混ぜながら5分煮込んでとろみがついたら火からおろす。

ブルーベリーソース

材料

ブルーベリー(フローズン可)……200g
グラニュー糖……20g
レモン汁……大さじ½～1

作り方

1 鍋に材料を全て入れ、中火にかける。

2 グツグツしたら、マッシャー等でお好みの粗さにブルーベリーをつぶす。混ぜながら5分煮込んでとろみがついたら火からおろす。

MEMO

・消毒をした保存瓶に入れ、冷蔵庫で約2週間保存可能です。(P56参照)
・あくが気になる方は取ってください。

クロアチアのママ直伝

パラチンケ(クレープ)

パラチンケという名のクロアチアのクレープ。
炭酸水(無糖)を入れることで、生地がさらにふんわりやわらかくもっちもちに!

材料
(26㎝のフライパン 約10枚分)

A
- 薄力粉……100g
- 牛乳……100mℓ
- 全卵……1個
- グラニュー糖……25g
- バニラオイル……お好みで数滴

炭酸水(無糖)
(レモン炭酸水がおすすめ)……110mℓ

作り方

1 ボウルにAの材料を全て入れ、ホイッパーで混ぜ合わせる。

ダマが気になる方は
一度濾してね

2 1に炭酸水を入れ、やさしく混ぜ合わせる。

3 フライパンを中弱火で熱し、キッチンペーパーを使って薄く油(分量外)をひく。

4 3におたま7分目ほどの生地を流し入れ、手首を回しながら生地が全体に行き渡るように薄く広げていく。

生焼けが心配だったら裏返して
ちょっとだけ焼いてもOK

5 生地の表面の色が変わり、縁がフライパンからスルッと離れるくらいになったら取り出す。

6 お好みでフルーツやクリームをのせ、食べやすい大きさになるよう包む。

MEMO

・今回はアールグレイクリーム(P61)を使用しましたが、本場クロアチアの定番はシュガーやヌテラ、ジャムです。
・おかず系にする際は、グラニュー糖の量を調節してください。
・8分立ての万能クリーム(P42)や即席万能ソース(P70)を包んでもOK。

驚くほど簡単！ 型いらずの

素朴なバナナタルト

バナナを切って並べるだけだからいちごタルトより簡単。
板チョコとアーモンドスライスでおめかしを。

材料

（タルト生地）

- A 薄力粉 …… 120g
- A グラニュー糖 …… 30g
- A 卵黄 …… ½ 個分
- 食塩不使用バター …… 75g
- バナナ …… 2 本
- アーモンドスライス …… 適量
- 板チョコ（ミルク） …… ½ 枚
- チョコレートシロップ …… 適量
- バニラアイス …… 1 個
- 卵黄 …… ½ 個分

作り方

1 バナナを 4 ～ 5㎜の厚さに切る。

2 食塩不使用バターを耐熱容器に入れ、600W の電子レンジで 1 分加熱して溶かす。**A** を全て入れたボウルに流し入れ、手で素早く混ぜ合わせてまとめる。

折りたたみはちょっと雑なほうが焼き上がりがかわいい

3 クッキングシートの上で **2** を厚さ 2 ～ 3㎜にのばし円形にする。端を 3 ～ 5㎝残し、バナナを並べたら端を内側に折りたたむ。ここでオーブンを 170°Cに予熱開始。

4 板チョコとアーモンドスライスをのせ、卵黄を塗り 170°Cのオーブンで 30 ～ 40 分焼く。粗熱をとり、アイスやチョコレートシロップをトッピングする。

いちごタルトの動画はここをCHECK

タルト初心者におすすめ！
型いらずの

素朴ないちごタルト

タルトといえば難しそうなイメージ。
でもこのタルトは型なしだから
ラフな気持ちで作れちゃうんです。

材料

（タルト生地）

- A 薄力粉 …… 120g
- A グラニュー糖 …… 30g
- A 卵黄 …… ½ 個分
- 食塩不使用バター …… 75g

（即席いちごジャム）

- B いちご …… 2 パック（500g）
- B グラニュー糖 …… 50g
- B レモン汁 …… 大さじ 2

- 卵黄 …… ½ 個分
- バニラアイス …… お好みで
- くるみ …… お好みで

作り方

（タルト生地）

1 食塩不使用バターを耐熱容器に入れ、600W の電子レンジで 1 分加熱して溶かす。**A** を全て入れたボウルに流し入れ、手で素早く混ぜ合わせてまとめる。ラップで包み、冷蔵庫で寝かせておく。

（即席いちごジャム）

2 いちごはヘタを取り、半分に切る。**B** を全て小鍋に入れ、中弱火で混ぜながら 15 ～ 20 分ほど煮る。かき混ぜたときに鍋底が見えるくらいしっかりとしたとろみがついたら OK！

3 熱いうちに **2** をザルで濾す。濾した汁は冷蔵庫で冷やしておく。ここでオーブンを 170°Cに予熱開始。

4 **1** を冷蔵庫から取り出し、クッキングシートの上で厚さ 2 ～ 3㎜にのばし、円形にする。端を 3 ～ 5㎝残し、**3** のザルに残った果実を中央に広げたら端を内側に折りたたむ。折りたたんだ部分に卵黄 ½ 個分を塗り、お好みでくるみをちらす。

5 170°Cのオーブンで 25 ～ 30 分焼く。粗熱をとり、お好みでアイスをのせて **3** の濾した汁をかける。

ザクッふわっトロ食感

パンプディング

フレンチトーストのふわトロ食感にザクザクが加わった至高の一品。浸す時間もなく、洗い物も少ないのでぜひお試しあれ。

材料
(18×24×深さ8cmのオーブン対応容器1個分)

	バゲット	200g
	バナナ	1〜2本
	全卵	2個
A	グラニュー糖	大さじ2
A	牛乳	200mℓ
A	生クリーム	200mℓ
A	バター	20〜30g
	粉糖	適量

下準備

・バターは耐熱容器に入れ、600Wの電子レンジで30秒温め溶かしておく。
・オーブンを170℃に予熱する。

作り方

1 バナナを容器に入れ、フォーク等でつぶす。

2 1に全卵を入れ、フォーク等で混ぜる。

3 **A**を全て2に入れ、さらに混ぜて卵液をつくる。

4 バケットをちぎって3に入れ、卵液に浸す。

5 170℃のオーブンで40〜45分焼く。粉糖やお好みで即席万能ソース(P70)をかけてどうぞ。

バナナを容器の中でつぶすことで洗い物が減らせる。

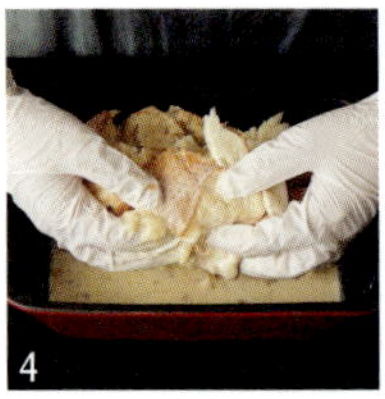

バナナが均等になじみむよう手で天地返しして。

MEMO

・本来パンプディングは時間がたってパサついたパンを使うのが王道。水分が抜けて乾燥しているぶん、卵液が染み込みやすいです。もちろん、新鮮なパンを使っても構いません。
・甘さ控えめにしてあるので、砂糖は調節してください。
・レシピはバゲットのみですが、食パン(6枚切)100gとバゲット100gをミックスするとザクザク感が増してさらにおいしいです。

“ こんがり肌のバナナを見つけたら
引き取ってあげてください
深い香りと甘さは生地になじみやすいです ”

どんどん混ぜていくだけの

紅茶のパウンドケーキ

大好きな紅茶のパウンドケーキ。
お好みで市販のアプリコットジャムを刻んで入れ込むとフルーティーな味わいが楽しめます。

材料（21cmのパウンド型1台分）

- 食塩不使用バター（常温）……120g
- グラニュー糖……80g
- 全卵（常温）……2個
- 薄力粉……120g
- ベーキングパウダー……3g
- アールグレイ紅茶ティーバッグ（日東紅茶）……4g
- 牛乳……大さじ2
- 市販のアプリコットジャムを刻んだもの……お好みで

下準備

・薄力粉はポリ袋に入れてふっておく。
・オーブンを170°Cに予熱する。
・型にクッキングシートを敷いておく。（P56参照）
・ティーバッグから茶葉を出し、牛乳に浸しておく。

下準備

4

アールグレイ茶葉は、牛乳に浸しておくことでパウンドケーキ全体に風味が広がり、生地によくなじむ。

作り方

1 ボウルに食塩不使用バターとグラニュー糖を入れ、ハンドミキサーで白くふわっとなるまで混ぜ合わせる。

2 1 に全卵を1つずつ加え、その都度なじむまでハンドミキサーでよく混ぜる。

3 2 に薄力粉とベーキングパウダーを加え、ゴムベラでなめらかになるまで混ぜる。

アプリコットジャムを入れる方はここで混ぜ込んでね

4 浸してあった茶葉と牛乳をスプーン等で混ぜ、色がうっすら茶色になったら 3 に加えてなじむようによく混ぜる。

5 型に 4 を流し込み、表面を平らに整える。170°Cのオーブンで 40 ～ 45 分焼く。竹串をさして生地がついてこなければ OK。型のまま粗熱をしっかりとる。

MEMO

・常温でひと晩おいてから食べるのがおすすめです。
・万能クリーム（P42）を添えても OK。

溶かしバターで簡単時短

りんごとレーズンのパウンドケーキ

子どもの頃に母がよく作ってくれたケーキ。
溶かしバターでもおいしくできました！

材料（直径21㎝パウンド型1台分）

- りんご……½個
- A
  - 薄力粉……200g
  - ベーキングパウダー……小さじ½
  - きび砂糖……100g
  - バター……100g
  - 全卵（常温）……2個
- レーズン……20g
- くるみ……20g
- シナモン……お好みで

下準備

・耐熱容器にバターを入れ、600Wの電子レンジで1分加熱して溶かしておく。
・170°Cにオーブンを予熱する。
・型にクッキングシートを敷いておく。（P56 参照）

作り方

1 りんごは皮のまま厚さ2〜3㎜のいちょう切りにし、レーズンとくるみは粗みじん切りにする。

シナモンを入れる場合はここで！

2 Aの材料を全てボウルに入れ、ホイッパーでよくかき混ぜる。

3 ゴムベラに持ち替え、1を入れてさっくり混ぜたら型に流し込む。

4 170°Cのオーブンで50分焼く。竹串をさして生地がついてこなければOK。型のまま粗熱をしっかりとる。

MEMO

・耐熱容器に入れたアプリコットジャム大さじ1に水大さじ½を加えよく混ぜて、600Wの電子レンジで15秒温め濾したものを焼き上がったケーキの表面にスプーン等で塗ると、見た目がつややかになります。
・りんごを数枚、混ぜ込まないでとっておき、表面にちりばめて焼いてもいいです。
・常温で6時間おいてから食べるのがおすすめです。
・万能クリーム（P42）を添えて食べてもおいしいです。

絵本にでてくるようなパウンドケーキを作りたくて

バナナショコラ パウンドケーキ

電子レンジでチョコレートを溶かし、材料を混ぜるだけで断面が可愛いパウンドケーキの出来上がり！

材料（21cmのパウンド型1台分）

- 薄力粉……100g
- ココアパウダー……10g
- ベーキングパウダー……2g
- 食塩不使用バター……100g
- グラニュー糖……60g
- 全卵（常温）……2個
- 板チョコ（ミルク）……100g（2枚）
- バナナ……小2本（150g前後）

下準備

・ポリ袋に薄力粉、ココアパウダー、ベーキングパウダーを入れふっておく。
・型にクッキングシートを敷いておく。(P56 参照)

MEMO

・お子さんも食べやすいようにミルクチョコレートにしていますが、ブラックチョコレートでも代用できます。
・バナナはできるだけ真っ直ぐなものを選ぶと断面がかわいく仕上がります。
・常温で4時間おいてから食べるのがおすすめです。

作り方

1 板チョコを手で細かく割り、耐熱ボウルに入れる。

2 1 にバターを加え、ラップをして600W の電子レンジで1分40秒加熱する。ホイッパーで混ぜて板チョコを完全に溶かし、グラニュー糖も加えてさらに混ぜる。

3 しっかり溶いた全卵を3回に分けて2 に加え、その都度しっかり混ぜる。オーブンを 170°Cに予熱開始。

4 ふっておいた粉類を全て3 に入れ、ホイッパーでぐるぐる混ぜる。

5 型に4 を半分ほど流し、皮をむいたバナナを2本入れる。その上に残りの生地を流し入れる。

6 170°Cのオーブンで 45 分焼く。竹串をさして生地がつかないようであれば OK。型のまま粗熱をしっかりとる。

難しそうだけど、実はとっても簡単

型いらずのお手軽フロランタン

混ぜるだけのクッキー生地と、鍋で煮るだけのアーモンドキャラメルヌガーを合わせて焼くだけ。プレゼントにもぜひ！

材料

（クッキー生地）

薄力粉	140g
食塩不使用バター	80g
グラニュー糖	35g
卵黄	1個分

（アーモンドキャラメルヌガー）

	アーモンドスライス	100g
A	グラニュー糖	40g
A	はちみつ	40g
A	生クリーム	40mℓ
A	食塩不使用バター	40g

作り方

（クッキー生地）

1 耐熱皿に食塩不使用バターを入れ、600W の電子レンジで 1 分 20 秒加熱して溶かす。ボウルにクッキー生地の材料を全て入れ、手で素早く混ぜ合わせる。

2 **1** をラップで挟み、めん棒で 5 mmの厚さにのばしていく。20cm 角の正方形になるように形を整え、ラップで挟んだまま冷蔵庫で 15 分寝かせる。ここでオーブンを 170°Cに予熱開始。

3 ラップを外した **2** をクッキングシートの上にのせ、170°Cのオーブンで 10 分焼く。クッキングシートは大きめに敷くといい（**6** でキャラメルヌガーと焼いた際に流れ出してくるため）。

（アーモンドキャラメルヌガー）

4 鍋かフライパンに **A** の材料を全て入れ、スプーン等で混ぜながら中火で加熱する。グラニュー糖やバターが溶けて、沸騰して泡が大きくなったらアーモンドスライスを入れて混ぜる。

オーブンが熱いので気をつけて！

5 **4** がもたっとしてきたら **3** の上にのせ、スプーン等で平らにする。

6 170°Cのオーブンできつね色になるまで 15 ～ 20 分焼き、完全に粗熱がとれたら好きな大きさにカットする。

ラップ 2 枚で挟むと生地がスムーズにのばせる。

焼き上がったフロランタンは、ひっくり返して裏面からカットすると綺麗に切れる。クッキー生地はギコギコと小刻みに。アーモンド部分はぐっと力を入れて押し切りに。

MEMO

・4辺を先にカットし、その後好きなサイズの正方形にカットしています。
・クッキー生地で型抜きクッキーも作れます。170°Cに予熱したオーブンで 20 分焼いてください。

※はちみつを使用していますので、1歳未満の乳児には与えないでください。

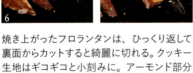

材料（18×18㎝のスクエア型1台分）

A
- 板チョコ（ブラック）……………150g（3枚）
- 食塩不使用バター……………………70g
- 牛乳 ………………………………50mℓ
- グラニュー糖………………………50g

- 全卵（常温）…………………………2個
- 薄力粉………………………………60g
- ココアパウダー……………………15g
- ベーキングパウダー…………………2g
- オレンジの甘煮 ………数枚（P62参照）
- お好みのナッツ類 …………………適量

下準備

- ・型にオーブンシートを敷いておく。（P56参照）
- ・薄力粉はポリ袋に入れふっておく。
- ・板チョコは細かく割っておく。

作り方

1 耐熱ボウルにAを全て入れ、ふわっとラップをかけ、600Wの電子レンジで2分半（沸騰寸前まで）加熱する。食塩不使用バターと板チョコが溶けきるようにホイッパーでよく混ぜる。ここでオーブンを170℃に予熱開始。

2 しっかり溶いた全卵を3回に分けて加え、その都度よく混ぜる。

3 2に薄力粉とココアパウダー、ベーキングパウダーを入れ、ホイッパーで混ぜ合わせてつやを出す。

4 3を型に流し入れ、表面を綺麗にならす。

5 オレンジの甘煮とお好みのナッツ類をのせ、170℃のオーブンで25～30分焼く。生地の真ん中に竹串をさしてみて、生っぽい生地がついてこなければOK。型のまましっかり粗熱をとる。

バターや板チョコの塊が残るようなら追加で加熱して。

卵はよく溶いておく。

つやが出るまでしっかり混ぜ合わせる。

MEMO

・冷蔵庫でよく冷やすと綺麗にカットできます。また、冷蔵庫でひと晩寝かせてから食べるのがおすすめです。
・オレンジの甘煮なしでもかわいく仕上がります。

バレンタインの応援ができるかも！と作った

オレンジブラウニー

オレンジを煮るのが手間な方は、輪切りのオレンジ缶で代用してもOK。
長方形や正方形にカットすると、ビジュアルもかわいいです。

市販ジャムを活用したチョコレートケーキの王様

リッチで濃厚なザッハトルテ

チョコレートにアプリコットジャムの酸味が加わることで、深みのある味わいに。
焼き縮み防止の方法もお伝えします。

材料

（直径15cmの丸型底取れタイプ1台分／底取れタイプでなくても可）

- A［食塩不使用バター（常温）……70g
- A［グラニュー糖……30g
- 板チョコ（ブラック）……100g（2枚）
- 卵黄（常温）……4個分
- 卵白（常温）……4個分
- 薄力粉……70g
- ココアパウダー……5g
- グラニュー糖……50g
- 市販のアプリコットジャム……50g

グラサージュ用

- 板チョコ（ブラック）……2枚（100g）
- 生クリーム……100mℓ

下準備

・型にオーブンシートを敷いておく。（P56 参照）

作り方

1 ボウルにAを入れ、ホイッパーで白くふわっとなるまでよく混ぜる。卵黄を加えてさらに混ぜる。

固形が残っているように見えても溶けています！焦げないように注意

2 耐熱容器に細かく割った板チョコを入れ、600Wの電子レンジで1分10秒加熱して溶かす。1に加えてよく混ぜる。ここでオーブンを170°Cに予熱開始。

3 別のボウルに卵白を入れ、ハンドミキサーで7分立てに泡立てる。グラニュー糖を入れ、さらにハンドミキサーで混ぜて8分立てのメレンゲにする。

4 2に3を入れ、ホイッパーでやさしくぐるぐると混ぜる。

5 4に薄力粉とココアパウダーをふるい入れ、ホイッパーでやさしく混ぜ合わせる。型に流し込み、170°Cのオーブンで45分焼く。焼き縮みを防ぐため、すぐに型から出してケーキクーラーの上に逆さまにおいて粗熱をとる。

6 粗熱がとれた生地の上面を切り、平らな状態にしたら2枚にスライスする。

果実はハサミで細かく切ってね

7 1枚の生地の上部にアプリコットジャムを塗り、残りの1枚を重ねる。

グラサージュ

8 耐熱ボウルに細かく割った板チョコと生クリームを入れ、600Wの電子レンジで1分半〜2分加熱する。

9 ホイッパーで8を混ぜ、板チョコを完全に溶かす。7をケーキクーラーの上に置き、下にバット等をおいて一気に流しかける。

マスカルポーネクリーム(P43)を添えて食べてもおいしいです

10 側面をゴムベラやナイフで整え、グラサージュが固まるまで冷蔵庫で冷やし固める。

3 メレンゲはツノがお辞儀をするくらいが目安。

9 まんべんなく一気に流しかける。

MEMO

下に落ちたグラサージュは、冷やしてからまるめてトリュフにしてください。

COLUMN

下ごしらえの基本

レシピ本に当たり前のように書いてあるくし形切りや乱切りなどの専門用語。料理を始めたばかりの方でもわかるよう、本書で出てくる言葉では伝わりにくい切り方、調理法をまとめておきます。

角切り・乱切り（P88に登場）

・角切り（牛肉・玉ねぎ）→牛肉は棒状に切ってから、90 度回転し四角に切ります。玉ねぎは縦半分に切ったら、平らな面を下にし真っ直ぐに包丁を入れて切り、さらに向きを 90 度回転して同様に切ります。
・乱切り（人参）→人参を回しながら、細い方から斜めに切っていきます。太い部分は縦半分に切り、動かしながら切り落とします。

※角切りも乱切りも用途に合わせた大きさにしてください。

格子状の切り込み（P26、P96に登場）

鶏むね肉に対して包丁を斜めにおき、厚みの半分あたりまで切り込みを入れます。次に包丁の向きを変え、先ほどの切り込みに対して 90 度になるように切り込みを入れます。鶏むね肉は、格子状に切り込みを入れて肉の繊維を断つことで、ボリューム感を残しつつやわらかく仕上がります。また、火の通りが早くなるため焼き時間が短縮でき、味も染みこみやすくなります。

※ P26 のスパイシーチキンと P96 のシーザー山賊焼きでは鶏むね肉を厚みを半分にしています。

さいの目切り（P67、P107に登場）

食材を 1cmほどの棒状に切り（拍子木切りといいます）、90 度向きを変えて同様に切っていきます。さいの目切りを大きくしたものが角切りです。

くし形切り（P104のケジャリーに登場）

小さく、細く切ると黄身が崩れやすいゆで卵は縦半分に切り、さらに半分に切って 1/4 にします。玉ねぎやトマト、レモン等の丸くて大きめの野菜は縦半分に切ったら切り口を下にし、4 等分の放射状に切ってください。櫛（くし）の形に似ているため、この名前がついたといわれています。

生ハム

（P98 に登場）

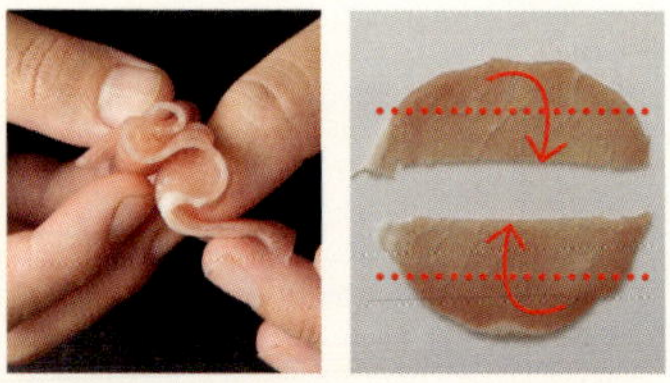

円形の生ハムを半分に切り、半分に折りたたんだら蛇腹折りにしていきます。左右に少し開き、ヒラヒラ感をだして盛り付けると立体感が生まれます。

アボカド

（P98 に登場）

アボカドは皮と種を取ったら、4㎜幅にスライスし写真のように広げて盛り付けてください。料理によってはさらに薄くスライスして飾りつけても綺麗です。アボカドは皮につやがあり、ヘタのついているものを選んでくださいね。

鶏ささみの筋とり

（P98 に登場）

フォークの間に筋を通し、筋の先をキッチンペーパーで挟んでしっかりつまんだら、ぐっと引っ張ります。フォークのほうが簡単ですが、軽量スプーンの持ち手の穴に筋を通して引っ張ると身が剥がれにくいです。

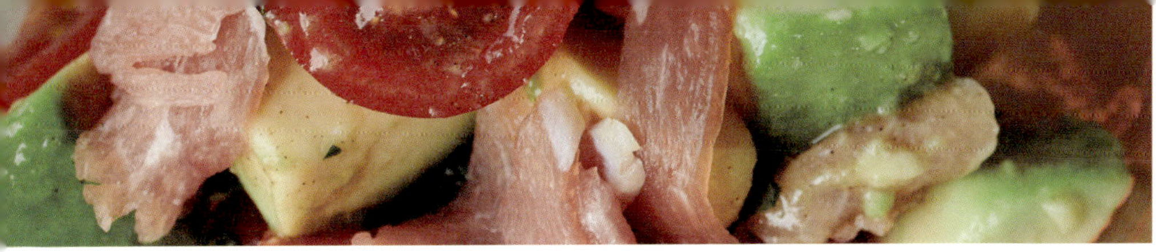

chapter — 4

スイーツ以外にも食べてほしいごはんもの

手軽に作れるスイーツは私の真骨頂ですが
ごはんものも簡単・時短・おいしいを叶えるレシピがたくさんあります。
主食からメイン、副菜まで絶対に食べてほしいごはんものを集めました。
普段の食卓に出しても、おもてなし料理にしても喜ばれるはずです。

本格派なのに作り方は超簡単！ 特別な日に食べたい 絶品ビーフシチュー

時間をかけて煮込むことでお肉はトロトロに。材料は笑ってしまうくらい多いけれど、複雑性のある風味と奥深いコクがたまらなく美味しいです。

材料（4〜6人分）

	材料	分量
	牛肉（ブロック）	700〜800g
	オリーブオイル	大さじ2
	人参	1本
	じゃがいも	2個
A	ガーリックパウダー（粗びきでも可）	小さじ1
A	オニオンパウダー	小さじ1
A	オレガノパウダー（みじん切りでも可）	小さじ1
A	塩	小さじ1
A	ブラックペッパー	小さじ½
A	薄力粉	大さじ2
B	玉ねぎ	2個
B	セロリ	1本
B	にんにく	4片
B	赤ワイン	200mℓ
B	トマトペースト（MUTTI）	大さじ2
B	コンソメ（顆粒）	大さじ1
B	水	600mℓ
B	醤油	大さじ1
B	中濃ソース	大さじ2
B	はちみつ	大さじ1
B	タイム	1本
B	ローズマリー	2本
B	ローリエ	2枚
	イタリアンパセリ	お好みで

作り方

1 じゃがいもはひと口大に切り、人参は乱切りに、セロリ（葉はちぎってランダムでOK）と玉ねぎは3cm大の角切り、ニンニクは粗みじん切り、牛肉は大きめの角切りにする（P86参照）。

2 鍋に牛肉とAの調味料を全て入れて揉み込み、オリーブオイルを入れて中火で全面に焼き目をつけていく。

3 Bの材料を全て2に入れ、蓋をして2時間弱火で煮込んでいく。

酸味が強い場合は蓋なしでもう少し煮込んでね

4 蓋を取って中火にし、人参とじゃがいもを加えてさらに1時間グツグツと煮込む。じゃがいもと牛肉がやわらかくなり、水分量が半分になったら完成。ちぎったイタリアンパセリをお好みでちらす。

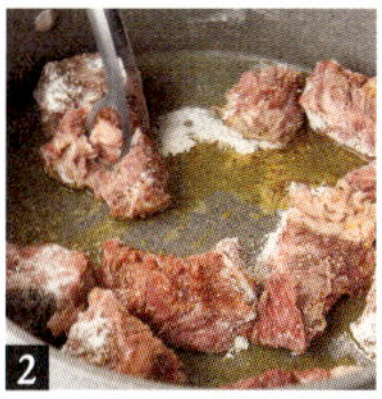

2 オリーブオイルの力を借りてなじんでいない薄力粉を肉につけていきます。

4 おたま等でかき混ぜた際に鍋底が見えるくらいのとろみがつくまで煮込みます。

トマトの味が濃く使い勝手もいい！

MEMO

・蓋を取って煮込む際は焦げつかないように時折かき混ぜてください。この工程はすごく大切で、ここでワインのアルコールを飛ばし酸味を減らします。
・牛肉は、脂が多くてやわらかいショートリブがおすすめですが、牛すね肉や牛肩ロースブロック肉でもOK。
・完成後、一度冷ますことで味がなじんでもっとおいしくなります。
・ガスコンロで作る場合は火力を弱めてください。

屋台で食べた味を再現

米粉の羽根つきハーブ餃子

爽やかなハーブの風味が口いっぱいに広がり、暑い夏の日にも食べやすく食欲をそそります。普段の餃子にも活用できる羽根つきレシピです。

材料（4人分）

餃子の皮 ……………………… 20枚

A
- 豚ひき肉 ……………………… 170g
- キャベツ ……………………… 80g
- フレッシュハーブ …………… 5g
- タイムパウダー ……………… 小さじ⅓
- 塩こしょう …………………… 適量
- オリーブオイル ……………… 大さじ½
- 粉チーズ ……………………… 大さじ1

ブラックペッパー …………… お好みで
ハード系チーズすりおろし
…………………………………… お好みで

B
- 水 ……………………………… 150mℓ
- 米粉 …………………………… 大さじ1

下準備

・Bを混ぜ合わせておく。

作り方

私はイタリアンパセリを使ってるよ！

1 キャベツとフレッシュハーブをみじん切りにする。

2 ボウルにAの材料を全て入れ、しっかり混ぜる。

3 餃子の皮の縁に水（分量外）をつけて2を包む。

4 フライパンに餃子を並べ、混ぜ合わせたBを入れる。

5 中火にかけ、蓋をして水気がなくなるまで約7～8分蒸し焼きにする。

6 蓋をあけ、フライパンの縁のとろみがかった白い膜にオリーブオイル（分量外）を回しかける。羽根がきつね色になりパリッとするまで焼く。お好みでチーズをすりおろしたり、ブラックペッパーをふりかける。

MEMO

・お皿をフライパンに被せてフライパンごとひっくり返すと綺麗に盛り付けられます。
・ポン酢も合います。

オリーブオイルの香りがハーブの香りとマッチ！

お家での記念日ごはんをイメージして作った

サーモンステーキ

焼き加減はレアがおすすめですが
苦手な方はしっかり火を通してもらって大丈夫。
サーモンの下味はしっかりめに！

材料（2人分）

サーモン（生食用）……2切れ（300g）
塩こしょう……適量
バター……10g
A
生クリーム……150mℓ
ハード系チーズすりおろし（粉チーズ可）……5g
コンソメ（顆粒）……小さじ½
塩こしょう……少々
にんにく……1片
ブラウンマッシュルーム……3個
ペッパーミックス……少々
ディル……適量

下準備

・サーモンに塩こしょうで下味をつけておく。

作り方

表面が焼けていれば
中はレアでOK！

1 フライパンにバターと冷蔵庫から出したてのサーモンを入れ、強火で両面こんがりと焼きお皿に取り出す。

2 1のフライパンにみじん切りにしたにんにくと薄くスライスしたマッシュルームを入れ、中火で香りが立つまで炒める。**A**を加え、ハード系チーズとコンソメが溶けきるまで煮てとろみをつける。

3 1に2をかけ、ペッパーミックスとディルをちらす。

MEMO

・下準備の塩こしょうで味の濃さを調整してください。
・マッシュポテト（P97）を添えてどうぞ。

餃子の皮で作る

赤のトルテリーニ

トルテリーニは、イタリア発祥の詰め物をした小型パスタです。
生地を一から作るのは大変なので、今回は餃子の皮で再現してみました。
ソースはパスタソースとしても活用できますよ！

材料（2〜3人分）

（トルテリーニ）

- 餃子の皮（厚め or モチモチタイプ）…20枚
- A
  - 長ねぎ……15〜20cm（35g）
  - 合いびき肉……200g
  - 塩こしょう……適量

（ソース）

- オリーブオイル……大さじ1
- にんにく……1片
- 長ねぎ……15〜20cm（35g）
- B
  - トマト缶……1缶（400g）
  - バター……10g
  - コンソメスープ（顆粒）……小さじ1
  - トマトケチャップ……大さじ2
  - 水……50mℓ
  - 醤油……大さじ2
  - 粉チーズ……大さじ1
  - 砂糖……小さじ1
- ブッラータチーズ……2個
- イタリアンパセリ……適量

作り方

1 長ねぎ（トルテリーニとソース分まとめて）とにんにくをみじん切りにする。

（ソース）

2 オリーブオイルをひいたフライパンを中火で熱し、にんにくとソース分の長ねぎを入れ、長ねぎがしんなりするまで炒める。

3 2にBを入れ、混ぜながら5分ほど煮込む。鍋にトルテリーニを茹でる用のお湯を沸かしておく。

（トルテリーニ）

4 Aをボウルに入れ、しっかりこねてタネを作る。

5 餃子の皮の中心にタネをおき、縁に水（分量外）をつけて半分に折りたたむ。半円型になった両端を中心に向かって折りたたみ、水（分量外）をつけて留める。

6 沸騰したお湯に5を入れ、3分間茹でる。

7 茹であがったトルテリーニを3に入れ、ソースとよく絡める。

8 お皿に盛り付け、ブッラータチーズとパセリ、お好みでオリーブオイル（分量外）をたらす。

餃子の皮で作る
白のトルテリーニ

具材はシンプルにチーズだけ。
そこに大好きなクミンパウダーを入れ込み、
エスニック感をプラス。
ソースとの相性も抜群です。

トルテリーニの包み方

材料(2〜3人分)

（トルテリーニ）

- 餃子の皮
  (厚め or モチモチタイプ)……20枚
- A
  - カッテージチーズ
    (裏ごしされていないタイプ)……200g
  - 塩こしょう……少々
  - クミンパウダー……3つまみ

（ソース）

- ブラウンマッシュルーム……6個（100g）
- ベーコン……40g
- にんにく……1片
- バター……20g
- 薄力粉……大さじ1
- B
  - 生クリーム……200mℓ
  - 牛乳……100mℓ
  - コンソメキューブ……1個
  - 白ワイン（酒でも可）……大さじ2
- ペッパーミックス
  (ブラックペッパーでも可)……適量

作り方

（ソース）

1 フライパンにバターを入れ、みじん切りにしたにんにくと薄くスライスしたマッシュルーム、手でちぎったベーコン、薄力粉を入れて中火で炒める。

2 火が通ったら**B**を1に入れ、とろみが出るまで混ぜ合わせる。鍋でトルテリーニを茹でる用のお湯を沸かしておく。

（トルテリーニ）

3 **A**をボウルに入れ、混ぜ合わせてタネを作る。

4 餃子の皮の中心にタネをおき、縁に水をつけて半分に折りたたむ。半円形になった両端を中心に向かって折りたたみ、水をつけて留める。

5 沸騰したお湯に4を入れ、2分間茹でる。

6 茹であがったトルテリーニを2に入れ、よく絡めてペッパーミックスをふりかける。

子どもも大人も大好きなメインディッシュ

洋食屋さんの煮込みハンバーグ

簡単で失敗知らずなのに、洋食屋さんのような本格的なおいしさ。ナツメグと味噌がアクセントになっています。

材料（4人分）

	材料	分量
	玉ねぎ	1個
	バター	10g
A	合いびき肉	300g
A	全卵	1個
A	ナツメグパウダー	1g
A	生クリーム	40mℓ
A	パン粉	30g
A	味噌	小さじ1
A	塩こしょう	適量
B	牛乳	200mℓ
B	ケチャップ	大さじ3
B	中濃ソース	大さじ3
B	コンソメ（顆粒）	小さじ1
B	砂糖	小さじ1
	しめじ	1パック（100g）

下準備

・Bを全て混ぜ合わせておく。
・玉ねぎは¼をみじん切りにし、残りは薄切りにしておく。
・しめじは石づきを切り落とし、ほぐしておく。

作り方

1 中火で熱したフライパンにバターを入れ、みじん切りにした玉ねぎが透き通るまで炒める。

2 粗熱がとれた1とAをボウルに入れ、粘りけがでるまで混ぜる。

3 2を4等分にして両手で叩きながら空気を抜き、成形する。

4 1のフライパンを中火で温める。3を並べ、両面にこんがりと焼き目がつくまで焼く。

5 焼き色がついたらフライパンの端に寄せる。混ぜ合わせておいたBと薄切りにした玉ねぎ、しめじをフライパンに入れ、蓋をして中火で5分、裏返してさらに3分煮込む。

玉ねぎを炒めたフライパンはそのまま使うので洗わずに。

ハンバーグを両面こんがりと焼く。フライパンに油はひかなくてOK。

メキシコ×長野県の合わせ技

シーザー山賊焼き

シャキシャキとしたメキシコ発祥のシーザーサラダに、にんにくとしょうががガツンと効いたザクザク食感の長野の名物山賊焼き。この名コンビ、ぜひ味わってほしいです。

材料（2人分）

山賊焼き

鶏むね肉……1枚

A
- 酒……大さじ1
- みりん……大さじ1
- 醤油……大さじ1
- 白だし……大さじ½
- ブラックペッパー……少々
- おろしにんにく……小さじ1
- おろししょうが……小さじ1
- 片栗粉……大さじ½

片栗粉……適量

油……適量

シーザーサラダ

レタス……150g

B
- おろしにんにく……½～1片
- オリーブオイル……大さじ1
- マヨネーズ……大さじ2
- 牛乳……大さじ3
- 粒マスタード……小さじ1
- ハード系チーズすりおろし（粉チーズでも可）……30g
- レモン汁……小さじ1
- ブラックペッパー・少々（お好みで）
- アンチョビ……2枚（お好みで）

下準備

・レタスは太めの千切りにする。

・Bは全て混ぜ合わせておく。アンチョビを入れる場合は手で細かくちぎっておく。

作り方

山賊焼き

1 鶏むね肉を半分の厚さに切り、片面に包丁を斜めにおき、格子状の切り込みを入れる。（P86参照）

2 ポリ袋に1とAの材料を全て入れ、全体になじむように揉み込んで15分おく。

3 フライパンに2cmほどの油を注ぎ入れ、180°Cに熱する。

4 肉のトレイに片栗粉を出し、2にしっかり片栗粉をまぶす。

揚げている間はなるべく触らないこと！

5 4を3に入れ、片面4分ずつ揚げる。

シーザーサラダ

6 レタスの上に5をのせ、混ぜ合わせておいたBをかける。お好みでハード系チーズとブラックペッパー（分量外）をふりかけてね！

工程3の
詳しい動画は
ここをCHECK

おやつにもおつまみにも。
サクッともっちり

米粉で作るバブルポテトチップス

手がとまらなくなるので注意！
揚げたての油がシュワシュワしている間に
塩をふると味がなじみやすいですよ。

材料（3〜4人分）

じゃがいも…………2個（250〜300g）
米粉（薄力粉でも可）………………30g
片栗粉……………………………30g
コンソメ（顆粒）………………3〜4g

作り方

竹串がスッと通ったらOK

1 じゃがいもは火が通りやすい大きさに切る。水気がついたまま耐熱容器に入れ、ふんわりとラップをして600Wの電子レンジでじゃがいもがやわらかくなるまで約7〜8分加熱する。

2 1をフォークやマッシャーでなめらかになるまでつぶし、片栗粉と米粉、コンソメを加え、こねながら混ぜる

水気がなくまとまらなかったら
水大さじ1を加えてみて

3 2を3等分にし、それぞれ細長い棒状に成形する。2cm幅に切り、フォークを軽く押しつけて跡をつける。

4 180℃に熱した油で、こんがりとプクッと膨れるまで揚げる。お好みでケチャップマヨ（分量外）で召しあがれ。

ワンボウルで完成！

なめらかマッシュポテト

バゲットに絡めたり、生ハムで包んだり、
付け合わせにも。じゃがいもの品種によって
水分量が違うので牛乳の量は調節してくださいね。

材料（2人分）

じゃがいも………………2個（350g）
バター……………………10〜20g
塩こしょう…………………適量
牛乳………………………50〜70mℓ

作り方

1 じゃがいもは洗って皮と芽をとり、火が通りやすい大きさに切る。

竹串がスッと通ったらOK

2 1の水気は切らずに耐熱ボウルに入れ、ラップをして600Wの電子レンジで7〜8分加熱する。

3 じゃがいもが温かいうちにバターと塩こしょうを入れ、マッシャーでしっかりつぶしながら混ぜる。

4 3に牛乳を加え、スプーン等でなじむまでよく混ぜる。

※本書ではP26、P88、P91で使用しています。

クミン香る卵のオープンサンド

材料

- 全卵……2個
- アボカド……1個
- 生ハム（ベーコンでも可）……30g
- A
  - 粒マスタード……小さじ1
  - マヨネーズ……大さじ2
  - クミンパウダー……小さじ½
  - レモン汁……小さじ½
  - 塩こしょう……適量
- バゲット……8～10枚

作り方

1 中火に熱したフライパンに油（分量外）をひき、卵を割り入れ軽く溶きほぐして薄焼き卵を作る。卵にしっかり火を通したら、小さく折りたたんでアルミホイル等の上においておく。

2 中火に熱したフライパンに生ハムをちぎって入れ、こんがり焼き目がつくまで炒める。

3 アボカドと1、2をみじん切りにしてボウルに入れ、Aを全て加えしっかり和える。トースターで温めたバゲットにのせる。

1

↓

1

半分に折りたたんだ薄焼き卵を、さらに半分に折りたたむ。

生ハムとアボカドのオープンサンド

材料

- アボカド……1個
- 生ハム（円形）……8枚
- スイートチリソース……大さじ1
- 黒ごま……適量
- 白ごま……適量
- バター……10～20g
- ディル……適量
- バゲット……4枚

作り方

1 中火で熱したフライパンにバターをひき、焼き色がつくようにバゲットを両面こんがりと焼いていく。

2 アボカドは4㎜幅にスライスしてから4等分にする。（P86参照）

3 1の上にカットしたアボカド、その上に生ハム（飾り方はP86参照）を盛り付け、白黒ごま、ディルを飾り、スイートチリソースをかける。

鶏ささみとしば漬のハーブオープンサンド

材料

- A
  - 鶏ささみ……1～2本
  - 酒……大さじ1と½
  - 塩こしょう……少々
- B
  - ギリシャヨーグルト……60g
  - マヨネーズ……30g
  - マスタード……大さじ½
  - ケッパー……25g
  - イタリアンパセリ……5g
  - しば漬……15g
  - 生ハム（ベーコンでも可）……30g
  - ディル……5g
  - にんにくすりおろし……½片
- バゲット……6枚
- オリーブオイル……大さじ1（お好みで）

作り方

1 耐熱容器にAを入れ、ふんわりラップをかけて600Wの電子レンジで2分半加熱する。ラップをしたまま粗熱をとる。

余熱でも火を通します

2 油はひかず、中火に熱したフライパンで生ハムをこんがり焼く。

3 イタリアンパセリ、ディル、しば漬、焼いた生ハムをみじん切りにする。鶏ささみは手で割いてもいいが、繊維を断つように包丁で切ると細かくほぐれる。

4 鶏ささみとBを全てボウルに入れ、混ぜ合わせる。バゲットにのせ、お好みでオリーブオイルをかける。

下準備

・鶏ささみは筋をとり（P86参照）、フォークで数カ所穴をあけておく。

MEMO

イタリアンパセリとディルが手に入らなければ、どちらかだけでもOKです。

スモークサーモンときゅうりのオープンサンド

材料

- アボカド……½個
- クリームチーズ（常温）……50g
- 塩……ひとつまみ
- レモン汁……数滴（お好みで）
- スモークサーモン……50g
- きゅうり……½本
- ディル……適量
- バゲット……4枚

作り方

1 アボカドはフォークでつぶし、クリームチーズと塩、レモン汁を加えてよく混ぜる。

2 トースターで温めたバゲットに1を塗り、スモークサーモンと薄くスライスしたきゅうり、ディルを飾る。

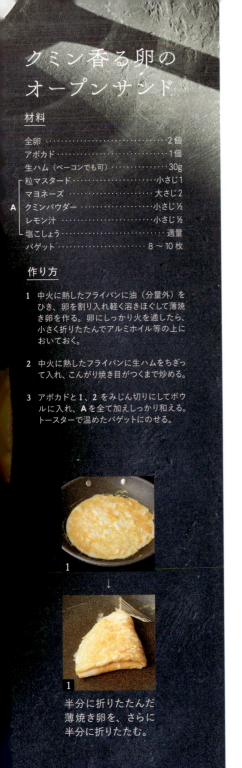

おもてなしにもぴったり

4種のオープンサンド

見た目も味も主役級。朝食やおつまみにはもちろん、ホームパーティーで振る舞っても喜ばれます。

ピザやパスタ、リゾットにも使える

ポルチーニのピザソース

ポルチーニが入ることで、香りとコクのある出汁が出て奥深い味わいになるんです。
ピザ用なのでもったりとした仕上がりに。

材料（1枚分）

	乾燥ポルチーニ茸	5g
	ポルチーニ茸の戻し汁	50mℓ
	にんにく	1片
	ブラウンマッシュルーム	3個（40g）
	生ハム（ベーコンでも可）	30g
	玉ねぎ	¼個
	バター	10g
	米粉	大さじ½
A	生クリーム	100mℓ
A	コンソメ（顆粒）	小さじ½
A	塩こしょう	少々
A	白ワイン（酒でも可）	大さじ1
	アンチョビ	2枚（お好みで）
	イタリアンパセリ	適量（お好みで）
	ハード系チーズすりおろし	お好みで

下準備

・ぬるま湯50mℓで乾燥ポルチーニ茸を戻し、細かく刻んでおく。戻し汁は使うので捨てない。

MEMO

米粉の量を減らすことで、パスタやリゾットにも活用できます。

作り方

1 にんにくはみじん切り、マッシュルームと玉ねぎは薄くスライス、生ハムは手で細かくちぎる。

2 フライパンにバターを入れ、1を中火で炒めていく。

3 玉ねぎがしんなりしたら、米粉を加えて粉気がなくなるまで炒める。**A**と刻んだポルチーニ茸、戻し汁を加えてよく混ぜる。

4 もったりとしたとろみがついたら火を止め、ピザ生地（P102）に流し込む。お好みで手でちぎったアンチョビをちらす。

5 280℃に予熱したオーブンで15～20分焼く。焼き上がったらお好みでハード系チーズとイタリアンパセリをふりかける。

フライパンの底が見えるくらいもったりしたとろみをつける。

HB・発酵なし！ ナンやパンも作れる

万能ピザ生地

混ぜてこねるだけで、思い立ったときにすぐ作れるピザ生地です。
P101にソースレシピはありますが、市販のパスタソースや
お好みの具材をトッピングして楽しんでみてください。

MEMO

・トッピングする具材によって火の入り方が変わりますが、目安は15～20分です。
・裏側も香ばしく焼くために、予熱のときから天板も一緒に温めてください。
・ナンを作る場合は、生地を薄くのばしてナンの形にしたら、中弱火で熱したフライパンで両面をしっかり焼いてください。このとき、必ず蓋をすること。

材料（1枚分）

A	強力粉	200g
A	砂糖	7g
A	塩	3g
A	ドライイースト	4g
	バター	10g
	水	100mℓ
	牛乳	20mℓ

作り方

1 耐熱皿にバターを入れ、600Wの電子レンジで20秒加熱して溶かす。オーブンに天板を入れ、280℃に予熱開始。

2 ボウルに **A** の材料を入れ、箸で軽く混ぜる。

3 2 に 1 と水を加え、手でこねる。大体まとまったら牛乳を加えてさらにこねる。

4 3 に強力粉5g（分量外）を足し、こねながらしっかりと生地をまとめていく。

5 オーブンシート上に生地をのせ、直径23cm～25cmの円形にのばしていく。外側の1～2cmを中側に折りたたみ、指で押しながらくっつけて耳を作る。

6 お好みのソースを塗り、トッピングをして280℃のオーブンで15～20分焼いていく。

3

この時点ではまだベタベタしていてOK。

4

4 で分量外の強力粉を入れることでなめらかな生地になる。

5

のびにくかったら生地を空中で吊るすように手で持ちながら広げていくと簡単。

5

外側の1～2㎜を中側にくっつける。この耳にさけるチーズを入れてもおいしい。

米粉と豆腐で作る

カリカリピザ生地

米粉使用なのでふるう必要もこねる必要もなく、発酵もなし。
栄養豊富な豆腐を使ってヘルシーなピザ生地を作りました。

材料（1枚分）

米粉	120g
ベーキングパウダー	3g
絹豆腐	100g
砂糖	4g
塩	1g
オリーブオイル	大さじ1

下準備

・天板を入れ、オーブンを240℃に予熱する。

作り方

1 材料を全てボウルに入れ、まとまるまで手で混ぜる。

2 クッキングシートの上で 1 を直径23～25cmの円形にのばしていく。

3 240℃のオーブンで5分焼く（はじめは生地だけ）。一度クッキングシートごと取り出し、お好みのソースとトッピングをしてさらに240℃のオーブンで10～15分焼く。

おやつにも、主菜にも、主食にも

米粉のサクサクセイボリータルト

欧米では古くから親しまれているお惣菜タルト。米粉とアーモンドプードル、米油の配合バランスがポイントで、カリサク食感にしました。

材料（直径20cmのタルト型1台分）

タルト生地

- 米粉 …… 100g
- アーモンドプードル …… 40g
- グラニュー糖 …… 10g
- 塩 …… 3g
- ブラックペッパー …… 少々
- 米油 …… 40g
- 全卵 …… 1個

キッシュ液

- A 全卵 …… 2個
- A 生クリーム …… 100mℓ
- A 塩こしょう …… 適量
- A 生ハム or ベーコン …… 40g
- A マッシュルーム …… 1パック（100g）
- ハード系チーズ（粉チーズ可） …… お好みで

下準備

- マッシュルームは薄くスライスしておく。
- 天板を入れ、オーブンを170°Cに予熱する。
- タルト生地の全卵は溶いておく。

作り方

1 タルト生地の材料を全てボウルに入れて混ぜ合わせ、生地をまとめる。

> 米粉の生地だからちょっと
> ぼろぼろしちゃうけど、がんばって！

2 2枚のラップで 1 を挟み（P60 参照）、めん棒でタルト型の大きさより少し大きめにのばす。ラップを1枚取り、ひっくり返して生地を型に被せる。もう1枚のラップを取り、生地を型に沿わせるように敷き込む。余分な生地は取り除いて形を整える。フォークで穴を複数あけたら冷蔵庫で冷やしておく。

> ベーコンや生ハムは手で
> ちぎりながら入れてね

3 ボウルに **A** を入れ、よく混ぜ合わせる。

4 2 に 3 を流し入れ、170°Cのオーブンで 40 分焼く。粗熱がとれたら型から取り出し、お好みでハード系チーズをふりかける。

カレー風味がおいしい

スモークサーモンのケジャリー

本場のイギリスではタラの燻製を炊き込みますが、日本では手に入りにくいため手軽に楽しめるようにスモークサーモンをちらしました。炊飯器で作れます。

材料（4人分）

A	お米	2合
A	2合分の水	いつもより50mℓ少なめ
A	にんにくチューブ	3cm
A	しょうがチューブ	3cm
A	コリアンダーパウダー	小さじ½
A	クミンパウダー	小さじ½
A	ターメリック	小さじ½
A	ガラムマサラ	小さじ½
A	白ワイン	大さじ2
A	鶏がらスープの素	小さじ2
A	塩こしょう	適量
	バター	10g
	スモークサーモン	50g～
	ゆで卵	2～3個
	紫玉ねぎ	¼個
	レモン	適量
	イタリアンパセリ（パセリでも可）	適量

下準備

・卵が浸かるくらいのお湯を沸かし、冷蔵庫から出した卵を10分ゆでてゆで卵を作っておく。しっかりと流水で冷やした後に殻をむく。

作り方

1 炊飯器に **A** を全て入れて炊き込む。

2 ゆで卵はくし形切りにし（P86参照）、紫玉ねぎはスライサーで薄くスライスする。

3 炊きあがった1にバターと紫玉ねぎを入れ、5分蒸らす。

4 3から紫玉ねぎだけを取り出し、よく混ぜて大皿に盛り付ける。ゆで卵、紫玉ねぎ、パセリ、レモン、ちぎったスモークサーモンをちらし、お好みでレモンを絞る。

おかわりがとまらない
時短いかすみリゾット

市販のいかすみソースの簡単アレンジレシピ。いかすみの旨みがなじんだリゾットにオレガノパウダーも加え、香り豊かに仕上げました。

材料（1～2人前）

A
- 予約でいっぱいの店 THE PREMIUM ラ・ベットラ流いかすみソース（エスビー食品）………1人前
- 白飯 ………………………200g
- 生クリーム ………………100mℓ
- ボイルイカ（生食用）……………50g
- 玉ねぎ ……………………¼ 個
- オレガノパウダー ………小さじ½

- ハード系チーズ（粉チーズ可）…………………………お好みで
- イタリアンパセリ ………お好みで

作り方

1 ボイルイカは1cm角に切り、玉ねぎはみじん切りにする。

2 フライパンにAを入れ、混ぜ合わせて煮詰める。お好みでハード系チーズをふりかけ、イタリアンパセリをちらす。

おうちでお手軽に
おいしいいかすみが味わえる

アレンジ無限大！ 一生使える万能調味料

ガーリックコンフィ

常備しておけばその都度にんにくをむく手間が省けるだけでなく、
パスタなどいろいろな料理のアレンジに使えます。

材料

にんにく（大）……………………5玉
オリーブオイル……………………
にんにくが浸かる程度
鷹の爪（輪切り）………………小さじ½
ローズマリー……2～3本（お好みで）

作り方

1 鍋に皮をむいたにんにくと、にんにくがつかるくらいのオリーブオイルを入れる。

にんにくに竹串がスッと入るまで煮てね

2 1 に鷹の爪とお好みでローズマリーを入れ、最弱火にかけて35分煮る。

3 粗熱をとり、消毒をした保存容器に移す。（P56 参照）

にんにくの食べ方

・そのままおつまみとして
・にんにく1片をすりつぶし、バター（常温）30gと混ぜ合わせてステーキに添える
・バゲットににんにくを塗り、塩少々をふりかけて5分トースト
・ピザにトッピング
・にんにくをすりつぶしてマッシュポテト（P97）に混ぜ込む

オリーブオイルの使い方

・パスタにかける（炒めるときや仕上げに）
・ローストした野菜やチキンにかける
・炒め油として使う
・サラダのドレッシングにする。シーザー山賊焼き（P96）に使ってもいい
・ピザ生地に入れ込む。カリカリピザ生地（P102）に使ってもいい

MEMO

・焦げないように注意。
・一般的な保存期間は冷蔵庫で3カ月ですが、新にんにくは水分量が多いため冷蔵保存で1カ月以内に食べきってください。
・パスタのレシピ等でにんにく1片と記載があった際は、このオリーブオイル大さじ1で代用できます。

玉ねぎの甘みがたまらない

オニオングラタンスープ

玉ねぎを飴色になるまで炒めるのは手間がかかるので、
切り方で甘みを出しやすくしています。寒い日やクリスマスにどうぞ。

MEMO
玉ねぎは繊維を断つように切ると水分が出やすくなり、甘みが増します。

材料（4人分）

- A
  - 玉ねぎ……2個
  - ブロックベーコン……50g
  - バター……20g
- B
  - 水……700mℓ
  - コンソメ（顆粒）……大さじ1
  - にんにくチューブ……2cm
- 塩こしょう……適量
- ピザ用チーズ……80g
- バゲット……適量
- パセリ……お好みで

作り方

1 玉ねぎは縦半分に切ってから薄切りにする。ベーコンは1cmのさいの目切りにする。（P86 参照）

2 鍋を中火で熱し、**A**を入れて玉ねぎがしんなりするまで炒める。

3 2 に**B**を加えて煮込む。塩こしょうで味を調えたら耐熱容器に流し入れ、バゲットとチーズものせる。

4 トースターで5分焼く。お好みでパセリをちらす。

心も体も温まる

豆乳クラムチャウダー

あさりやベーコン、野菜の旨みがぎゅっとつまったスープです。
牛乳アレルギーのある方は粉チーズは使わず、
バターはオリーブオイルで代用を。

材料(4〜6人前)

- あさり水煮缶……1缶（130g）
- ブロックベーコン……100g
- 玉ねぎ……1個
- じゃがいも……1個
- にんじん……½本
- 薄力粉……大さじ2
- バター……20g
- コンソメキューブ……1個
- 塩こしょう……適量
- 水……300mℓ
- 無調整豆乳……300mℓ
- 粉チーズ……大さじ1
- パセリ……お好みで

作り方

1 じゃがいも、玉ねぎ、ベーコン、にんじんを1〜1.5cmのさいの目切りにする。（P86 参照）

2 中火で熱した鍋にバターと1を入れ、玉ねぎがしんなりするまで炒める。

3 2 に薄力粉を加えて軽く炒めたら、あさり水煮缶（缶汁ごと）、水、コンソメ、豆乳、粉チーズを加え、中弱火で野菜がやわらかくなるまで煮込む。塩こしょうで味を調え、お好みでパセリをちらす。

オープンサンドにのせても美味しい　8種のマリネ

ブラックペッパーは多めがポイント

トマトのマリネ

材料（2人分）

- トマト（大）……1個
- 玉ねぎ……¼個
- 大葉……3枚
- A
  - オリーブオイル……大さじ1
  - ポン酢……大さじ1
  - ブラックペッパー……小さじ½

作り方

1 玉ねぎはみじん切りにする。耐熱容器に入れて600Wの電子レンジで40秒加熱し、粗熱をとる。

2 トマトは角切り、大葉は千切りにする。

3 **1** の容器にトマトと **A** を入れて和える。5分おき、大葉をのせる。

フルーツ感覚で食べられる

パプリカの中華風マリネ

材料（2人分）

- 赤パプリカ……½個
- 黄パプリカ……½個
- A
  - レモン汁……大さじ½
  - 鶏がらスープの素……小さじ½
  - ごま油……小さじ½
  - 塩こしょう……少々

作り方

1 赤パプリカと黄パプリカは、1㎝幅に切る。

2 ボウルに **1** と **A** を入れ、よく和えて5分ほどおく。

マーマレードの甘みがきいた

大根のマリネ

材料（2人分）

- 大根……3㎝
- A
  - オレンジマーマレードジャム（市販）……小さじ1
  - レモン汁……小さじ1
  - 塩こしょう……少々
  - オリーブオイル……小さじ1
- ディル……お好みで

作り方

1 大根はスライスし、ボウルに入れて塩少々（分量外）で揉む。しんなりしてきたら水気を絞る。

2 **1** のボウルに **A** を加えて和える。5分ほどおき、お好みでディルをちらす。

オリーブオイル少なめであっさり

キャロットラペ

材料（2人分）

- 人参……1本
- 塩……ひとつまみ
- A
  - オリーブオイル……大さじ½
  - レモン汁……小さじ1
  - 塩こしょう……適量
  - はちみつ……小さじ½
  - 粒マスタード……小さじ1

作り方

1 人参はスライサーで細切りにし、塩をひとつまみ加え、5分おいてから水気を絞る。

2 **A** を容器に入れて混ぜ合わせ、**1** を加えて和える。

※はちみつを使用していますので、1歳未満の乳児には与えないでください。

酸味がまろやかで食べやすい

スモークサーモンと新玉ねぎのマリネ

材料（2人分）

- 新玉ねぎ ……………………… 1個
- スモークサーモン ……………… 50g
- A
  - 砂糖 ……………………… 小さじ1
  - レモン汁 ………………… 大さじ½
  - 粒マスタード …………… 小さじ2
  - オリーブオイル ………… 大さじ1
  - 塩こしょう ………………… 適量
- イタリアンパセリ ………… お好みで

作り方

1 新玉ねぎはスライサーで薄切りにする。重ならないようにボウルに貼り付けるように広げて空気に15分ふれさせ、辛みを抜く。

2 1のボウルにAの調味料とちぎったスモークサーモンを入れ、全体になじむように混ぜて15分冷蔵庫で冷やす。お好みでイタリアンパセリをちらす。

柚子の香りとピリッとした
辛みがたまらない

長ねぎのマリネ

材料（2人分）

- 長ねぎ …………………… 2～3本
- A
  - ポン酢 ………………… 大さじ1
  - 白だし ………………… 大さじ1
  - 柚子胡椒（チューブ）……… 2～3cm
  - オリーブオイル ………… 大さじ½

作り方

1 容器にAを入れ、混ぜ合わせる。

2 長ねぎは浅い切り込みを数カ所に入れ、5cm幅に切る。

3 オリーブオイル（分量外）をフライパンにひき、両面に焼き色がつくように中火で焼く。このときフライパンに蓋をする。

すぐに食べられます

4 長ねぎが熱いうちに1に漬け込む。

強火でほったらかしがおいしい

きのこのマリネ

材料（4～6人分）

- きのこ（今回はヒラタケ、エリンギ、マッシュルーム、椎茸を使用）……… 500～600g
- にんにく …………………… 2片
- 鷹の爪（輪切り）………… 小さじ½
- オリーブオイル ………… 大さじ3
- A
  - めんつゆ（3倍濃縮）…… 大さじ1と½
  - レモン汁 ………………… 小さじ2
  - 塩こしょう ………………… 少々

作り方

1 きのこは洗わず、汚れがあればペーパータオルで拭き取る。石づきをとってほぐす、または食べやすく切る。

2 フライパンにオリーブオイルをひき、薄切りにしたにんにくと鷹の爪を入れ、中火でほんのり焼き色がつくまで炒める。

3 2に1を入れ、強火で動かさずに焼く。焼き色がついて表面にきのこの汁が出てきたら炒める。

4 きのこがしんなりしたら、Aを加えてさっと炒め合わせる。

あっさり！ だけど濃厚

アボカドのマリネ

材料（2人分）

- アボカド …………………… 1個
- ミニトマト ………………… 5個
- フレッシュバジル ………… 3枚
- 生ハム ……………………… 15g
- A
  - レモン汁 ………………… 大さじ½
  - 塩こしょう ………………… 少々
  - オリーブオイル ………… 小さじ1

作り方

1 アボカドは角切り、ミニトマトは十字に四つ切り、バジルはみじん切りにする。

2 ボウルに1と手でちぎった生ハム、Aを入れ、よく和えて5分おく。

2023年3月、ありがたいことに
1冊目のレシピ本を出版させてもらいました。
今でも私が思うことは変わりません。

星の数ほどあるレシピの中から、自分に合うレシピと出会い
この本の向こう側にいる皆さんが肩の力を抜くことができたなら。
そして、私のレシピが自分に合うレシピの
選択肢の1つになることができたなら、
私はこのうえなく嬉しいのです。
レシピまるっとではなくても「こんな作り方あるんだ！」という工程だったり
「こんな味になるんだ！」という調味料の組み合わせ方だったり
使ったことのない食材やスパイスとの出会いだったり…

この本が出会いのきっかけになり皆さんの暮らしに寄り添えたなら。
そして、皆さんの心が、口元がふっと緩むそんなお手伝いができたなら、とても嬉しく思います。

食卓に素敵な出会いを運んでくれますように。

misa

misa / ミサ

長野県在住。“身近な食材で作れるお店の味”を日指して、簡単スイーツや、おつまみレシピ、子どもと作れるレシピをSNSで発信している料理研究家。工程を極限まで省いた簡単でおいしいスイーツが得意。姉がクロアチア人と結婚しており、自身もバックパッカーの経験もあって海外のレシピを日本人向けに改良したレシピも支持されている。Instagramのフォロワー数は30万人超。（2024年11月現在）

Instagram　@misa_ihouse
TikTok　@misa_ihome
YouTube　@misa_ihouse　お菓子な暮らし

気楽《きらく》に作《つく》れて、
これ以上《いじょう》おいしいレシピを
私《わたし》は知《し》らない。

2024年12月2日　初版発行
2025年3月20日　5 版発行

著　者　misa《ミサ》
発行者　山下 直久
発　行　株式会社KADOKAWA
〒102-8177
東京都千代田区富士見2-13-3
電話 0570-002-301（ナビダイヤル）
印刷所　TOPPANクロレ株式会社
製本所　TOPPANクロレ株式会社

●お問い合わせ
https://www.kadokawa.co.jp/
（「お問い合わせ」へお進みください）
※内容によっては、お答えできない場合があります。
※サポートは日本国内のみとさせていただきます。
※Japanese text only

定価はカバーに表示してあります。

ISBN978-4-04-607210-8　C0077